봄이 오는 소리

봄이 오는 소리

이임순 수필집

수필과비평사

• 책머리에 …

삶을 돌아보며

나의 글쓰기는 삶의 고백이었습니다. 과수원지기로, 어린이집 원장으로 힘들고 지친 생활을 읊조리듯 글로 썼으니까요.

지렁이를 밟고 소스라치게 놀란 일, 벌에 쏘인 아픔, 예취기에 발목을 다쳐 절룩거리며 걷던 일 등등 불편한 것이 나의 글쓰기 소재였습니다. 삶이 노래로 이어지고 이어져도 불만은 끝이 없었습니다.

동행자가 될 것 같았던 불만 덩어리를 털어낸 것은 사소한 변화를 보고 난 후였습니다. 삭정이 같던 나뭇가지에서도 통통한 움이 트는 것을 보고 불만을 긍정으로 바꾸었습니다. 바뀐 것은 또 있었습니다. 감자꽃의 고운 자태에 마음을 빼앗긴 일, 삶은 옥수수 몇 개에 깊게 파인 주름이 더 선명해지도록 활짝 웃으시던 할머니, 왁자지껄 웃음을 터뜨리며 뛰어노는 아이들 모습, 달 밝은 밤 홍등의 황홀함에 넋을 잃고 바라보다 내 마음의 색깔을 찾기 시작했습니다. 그때부터 어둡기만 하던 우리 안에 불빛이 밝혀졌습니다.

어둠이 차츰 걷히니 그동안 보지 못했던 것들이 눈에 띄었습니다.

하나씩 주워 담다 필요한 것이 있으면 부족함을 채우기 위해 배움의 끈도 이어갔습니다. 그 과정은 힘들었지만 마음은 뿌듯했고, 하던 일이 마무리되기도 전에 다음에 해야 할 일이 떠오르곤 했습니다.

오늘도 외출에 앞서 손빨래를 했습니다. 손톱 밑에 물든 때를 지우기 위해서지요. 남들이 보기에는 볼품없는 투박한 손으로 보일지 모르지만 저에게는 희망과 바람이 깃든 자랑스럽고 떳떳한 손입니다.

자신을 온전히 지키면서 다른 일을 하는 것은 무리였습니다. 스스로 정리하면서 내어 줄 것과 지켜야 할 것을 구분해 필요한 것이 있으면 취득했습니다. 그러면서 글쓰기를 이어갔습니다. 밤새 쓴 글이 마무리가 되면 힘들다는 생각보다 성취감이 앞섰습니다.

창작 과정도 정리가 필요하다고 생각했습니다. 미흡한 글이지만 3집 출간계획을 세웠습니다. 나 자신이 인정받기 위해서가 아니라 누군가에게 희망이 된다면 더없는 기쁨이 될 것입니다.

새봄을 기다리는 마음으로 머리말을 씁니다. 늘 곁에서 말없이 힘을 실어주는 남편과 어미를 응원해 주는 아들딸에게 고마움을 전합니다.

2018년 단풍잎이 고운 11월에

아이들의 웃음소리를 들으며

이임순

이임순 수필집

봄이 오는 소리

CONTENTS

2부

3부

4부

5부

1.

기와집
할아버지와 함께 쓴 일기
옥수수 파티
다독거림
작은 소리도
봄 마중
무엇을 줄까
끈
곱게 늙기
변덕쟁이

기와집

한옥마을에서 민박을 한다. 강진으로 온 문학기행이다. 낯선 땅 낯선 집인데도 친정집에 온 것 같다. 금방이라도 어머니 아버지가 외출에서 돌아오실 것 같은 착각까지 든다. 이제는 추억 속의 집이 되어버린 친정집. 따끈따끈한 온돌방이며 기와집이 유년의 향수를 불러온다.

온돌방에 누워있으니 친정집 온돌방과 다름이 없다. 누가 늦은 귀가를 하는지 대문 여닫는 소리가 난다. 친정집 대문이 삐걱거리던 소리와 같다. 이 동네는 모두가 한옥 기와집이다. 사람들은 융자를 받아 집을 지었다고 한다. 기둥이며 서까래는 모두 값을 치르고 샀는데도 집짓기가 여간 힘이 든 게 아니었단다. 하물며 아버지 어머니의 고생은 오죽 했겠는가. 문 여닫는 소리가 나면 나도 모르게 귀가 기울여진다. 친정집에서 식구를 기다릴 때처럼.

어렸을 때 부모님 심부름을 가면 기와집에서 왔다고 했다. 어르신들께 인사를 하고 누구인지 몰라보실 때도 기와집 딸이라고 하면 고개를 끄덕 거리셨다. 친정집은 대명사처럼 기와집이 따라 다녔다. 내가 초등학교 3학년 때였다. 골목에서 내 친구 성순이 할아버지를 만나 인사를 하고 기와집 딸이라고 했다. 성순이 할아버지는 "그래 기와집 딸이구먼." 하시면서 인사성도 밝다고 칭찬을 하셨다.

비가 추적추적 내리던 봄날 집에는 어머니와 나 둘만 있었다. 동네뿐만 아니라 인근 마을에서조차 기와집으로 통하는 내 궁금증을 어머니께 물었다. 긴 한숨을 내쉰 다음 어머니가 하신 말씀은 아버지의 고생담이었다.

아버진 4남1녀 중 차남이셨다. 보리쌀 한 말과 밭 한 뙈기로 아랫마을 남의 집 문간방으로 제금을 나셨다. 큰집은 먹을 것도 푸지고 그릇도 많았지만 어머니의 신접살림은 초라하기 짝이 없었다. 아버지 어머니의 근검절약은 그때부터였다.

달 밝은 밤 동네를 거니는데 부모님은 저 달을 해 삼아 일을 하셨을 것이란 생각이 든다. 아버지께서 "소도 비빌 언덕이 있어야 한다." 는 말씀을 자주 하셨다. 살림을 일구면서 얼마나 힘이 드셨으면 당신도 모르게 그런 말씀을 하셨을까. 고생하며 모은 살림이기에 어려운 사람들을 외면하지 않으셨던 부모님.

밤을 낮 삼아 일을 하시면서 집터를 장만한 아버지는 집 짓는데 쓰이는 목재를 모두 손수 작업하여 등으로 옮겨 기와집을 지으셨다. 당시 인근 동네까지도 초가집만 있어 기와집이란 칭호가 자연스레 생겼다 한다. 아이들이야 어른들을 따라 멋모르고 불렀겠지만 어른들이 기와집이라 칭함은 아버지의 성실성을 일컬음이었다고 한다.

어머니는 젖이 모자라 우리 칠남매를 맘죽으로 키우면서 길쌈을 하여 살림을 일구는데 일조를 하셨다. 부부가 일심동체가 되어 살림을 일구신 결과 대농이 되었다. 얻은 것이 있으면 잃은 것도 있기가 마련인 것이 세상사던가. 집 지을 기둥감을 옮기던 중 다리를 삐끗하신 아버지는 병원은커녕 쉬지도 못하고 계속 일을 하셨다. 연세가 드실수록 걷기가 힘이 드신 아버지가 병원을 가셨는데 무릎관절이 마모가 되어 쉬는 것이 약이란 의사의 진단을 받았다. 하지만 '아버지는 이제 다 살았는데….' 하시며 그 다리로 생을 마감하셨다.

집에 가면 부모님 산소부터 다녀오련다. 아버지가 좋아하시던 음료수 잔도 올리고.

할아버지와 함께 쓴 일기

곧 방학이다. 자격증이나 면허증을 취득하는 것도 좋지만 나는 방학 동안에 젊은이들에게 권하고 싶은 여행이 있다. 다름 아닌 어른들을 찾아뵙는 것이다. 외가나 친가의 할아버지 할머니도 좋고, 평소 존경하는 어른을 뵙고 그분들에게서 경험담을 듣거나 함께 생활하면서 삶의 지침을 배우는 것이다.

인터넷 문화의 발달로 검색만 하면 필요한 정보를 얼마든지 얻을 수 있는 시대다. 그러나 경험으로 얻은 정보나 함께 생활하면서 삶의 체험담을 듣는 것은 인터넷 검색으로 얻은 정보와 분명 다를 것이다. 어르신들과 함께 지내면서 건전한 생활상을 배우는 것이 내가 젊은이들에게 권하는 여행의 목적이다. 꼭 말하지 않아도 그분들의 생활을 통해 스스로 느끼면서 터득할 수 있는 삶의 가르침이 있기 때문이다.

내가 초등학교 3학년 겨울방학 때였다. 외할머니 집에서 그해 방학을 지냈다. 그때 외할아버지로부터 일기 쓰는 법과 바른 자세로 앉아 책 읽는 방법을 터득했었다. 외할아버지는 매일저녁 잠자리에 들기 전에 글을 쓰셨다. 처음에는 그냥 지나쳤다. 매일 같은 묶음의 종이에 무언가 쓰시는 것이었다. 궁금해서 여쭈었더니 오늘 있었던 일을 기록한다고 하시면서 내일부터는 함께 써보자고 하셨다. 외할아버지가 그러셨다. 친구와 다툴 때는 내가 잘 한 줄 알았는데 일기를 쓰면서 잘잘못이 가려지고, 사과할 기회를 얻기도 한다고. 오늘 할 일을 내일로 미룬 게으름이나, 생각지도 않은 일을 했을 때는 스스로에게 칭찬도 한다고. 외할아버지가 지필묵을 준비하시면 나는 일기장을 가지고 할아버지 곁으로 갔다. 그때부터 방학이 끝날 즈음 벼락일기를 쓸 필요가 없어졌다.

외할머니는 늘 의논을 하셨다. 두루마기 푸새가 세지 않았느냐고 물었고, 김 영감네가 갈아준 밭갈이 삯은 얼마를 줄 것이냐고도 여쭈었다. 할머니가 알아서 주면 될 것을 왜 자꾸 외할아버지한테 묻느냐고 했더니 아녀자의 생각이 짧기도 하지만 그래야 착오가 없다고 하셨다. 그러고 보니 어머니도 무슨 일을 하시기 전에 꼭 아버지와 의논하던 것이 생각났다.

다섯 살 된 손자가 물었다.

"할머니는 왜 저녁마다 글을 써요."

"쓰고 싶으니까."

"할머니가 저녁마다 쓴 글이 뭔지 알아요. 일기 맞죠?"

다음 날부터 내가 그랬던 것처럼 손자가 일기장을 가지고 내 옆에서 일기를 썼다. 장담은 할 수 없지만 아마 손자녀석도 나처럼 일기가 하루 생활의 마무리가 될 성싶다.

컴퓨터 앞에서 한참을 구부리고 앉아 있었더니 불현듯 외할아버지께서 꼿꼿하게 앉아 글을 읽고 쓰시던 모습이 생각난다. 할아버지께 왜 그렇게 앉아 글을 읽느냐고 물었을 때 바른 자세로 앉지 않으면 쉽게 피곤해지고 허리도 빨리 굽는다고 하셨다.

초등학교에 입학 했을 때 담임 선생님께서 바른 자세로 앉는 법을 가르쳐 주셨다. 지금 내 기억에는 선생님의 설명보다 내가 보았던 할아버지의 자세가 생각난다. 한 달여의 방학에 평생 일기 쓰는 것과 바른 자세로 앉는 방법과 매사를 가족과 의논하는 것을 배워 지금까지 실천하고 있다.

여행은 지식과 지혜를 얻을 수 있는 가장 중요한 기회라 했다. 여유가 있을 때 웃어른을 찾아뵙는 여행은 더더욱 값진 경험이 될 것이다.

옥수수 파티

마당에 한 무더기 옥수수가 있다. 분류 작업을 하는 내 주위로 닭들이 몰려든다. 옥수수 수염에 따라 세 가지로 나눈다. 수염이 다 고스라진 것은 완전히 익은 것이고, 노르스름한 것은 먹기 좋게 익은 것이다. 그리고 수염에 아직 파란 기가 남아있는 것은 여물이 덜 든 것이다. 옥수수를 나누는 내 손길을 따라 닭들의 눈동자가 움직인다.

대야에 물을 담아다 놓고 분리 된 옥수수는 껍질을 벗기고 수염은 제거를 한다. 양손으로 옥수수를 비틀어 알갱이를 대야의 물에 담근다. 손질 된 옥수수가 늘어날수록 닭들이 군침을 삼킨다. 장닭이 용감하게 다가와 콕 쪼아본다. 곁에 있는 빗자루를 휘두르니 도망을 간다. 손을 더 빠르게 움직인다. 짐승이라고 사람과 다를 바 없다. 맛있는 먹잇감을 보고만 있기란 쉽지가 않은 모양이다.

감나무 그늘 아래서 작업을 하는 나와는 달리 닭들은 햇볕에서 빙 둘러서 있다. 어미닭까지 병아리 떼를 앞세우고 내 주위를 맴돈다. 대충 짐작으로 30분은 지난 것 같다. 여물이 덜 든 옥수수도 알갱이를 털어낸다. 이제부터는 작전이 필요하다. 그렇지 않으면 병아리나 어린 닭들은 먹이는커녕 구경만 해야 하기 때문이다.

대야에 물을 제거하고 옥수수만 남긴다. 한 움큼을 들고 되도록 멀리 뿌린다. 닭들이 발이 보이지 않게 흩어진다. 얼른 여물이 덜 든 옥수수를 병아리들 앞에도 뿌려준다. 그리고 대야에 옥수수 알갱이를 더 뿌린다. 닭들은 제 각각 모이주머니 채우기에 여념이 없다.

옥수수 껍질 벗기는 작업을 계속한다. 발가벗은 옥수수가 늘어날수록 내 마음이 부풀어 오른다. 나만의 만족보다 함께할 수 있는 만족에서 더 넉넉함을 느낀다. 완전히 익은 옥수수를 광주리와 함지박에 담아 햇볕에 내 놓는다. 빈틈없이 알갱이를 채운 옥수수가 햇볕에 반짝거린다.

먹기 좋게 익은 옥수수를 비닐봉지에 담는다. 나누어 줄 곳에 따라 양이 많기도 하고 적기도 한다. 여물이 덜 든 옥수수는 하얀 봉지에 담아 헷갈리지 않게 구분을 한다. 이빨이 듬성듬성한 순이 할머니가 '아이고, 맛있다.'를 연발하며 잡수실 것을 생각하니 삼복더위도 덥지가 않다.

남은 옥수수는 못난이들이다. 크기가 작거나 알갱이가 듬성듬성한 것이 대부분이다. 내가 어렸을 때도 이런 옥수수를 많이 먹었다. 할아버지한테 드린 그런 옥수수를 달라고 엄마를 조르면 그러셨다. 주인은 이런 못난이들을 먹는 것이라고. 그때는 도저히 엄마를 이해할 수 없었다. 그런데 내가 농사를 지어 나누어보니 어머니의 그 마음을 알겠다.

냄비 가득 옥수수를 삶아 남편과 마주 앉았다. 시장에서 사다 먹는 옥수수맛과 비교가 안 된다. 손수 심고 가꾸어 수확해서 먹는 이 맛은 농사꾼만이 느낄 수 있다. 금전으로 셈한 옥수수에서는 맛 볼 수 없는 꿀맛이다. 남편도 나도 옥수수로 하모니카를 분다. 몇 개를 연달아 먹어도 물리지 않는다. 유리창 너머로 닭들이 보인다. 빈 옥수수 대를 마당으로 던지니 서로 차지하려고 아우성이다. 짐승 세계에서 먹잇감은 강자나 새끼의 몫이 더 많다. 어미닭이 빈 옥수수 하나를 차지하니 병아리들이 몰려든다. 어미닭이 뒤로 물러나 병아리들이 쪼아 먹는 것을 지켜본다. 먹지 않은 옥수수 두 개를 병아리들 앞에 던져주니 닭들이 눈을 부릅뜨고 본다.

병아리들이 다 쪼아먹을 때까지 비를 들고 다른 닭들의 접근을 막는다. 모이주머니가 다 찼을 텐데도 먹잇감이 있으면 달려드는 것이

닭의 습성이다. 알갱이를 사방으로 뿌리니 그것을 쫓아 달려간다. 운동도 하고, 먹이도 찾고, 일도 하고 그래저래 오늘은 사람이나 짐승이나 활동량이 많다. 오늘의 옥수수 파티는 우리 가족 모두 만족이다.

봉지마다 담은 옥수수를 싣고 자동차에 시동을 건다. 옥수수뿐만 아니라 내 마음도 함께 전하러 간다. 볼품없는 내 손이 대단해 보이는 순간이다. 함께할 수 있어 좋은 하루다.

다독거림

차를 마셨다. 남해 바다가 눈앞인 찻집에서 일행들과 수다를 떨면서. 주인이 서비스로 준 유자 아이스크림맛은 우리의 기분을 한껏 끌어올렸다. 화기애애한 이야기는 거미줄처럼 이어졌고 깔깔거리며 웃는 동안 나이를 잊고 있었다. 우리는 동심의 수레바퀴를 돌고 돌면서 소녀처럼 웃으며 분위기에 취해 다음 여행 계획도 세웠다. 헤어지는 아쉬움을 다음 달에 동기들과 함께 또 오는 것으로 정하고 1박 2일의 여행을 마무리 지었다.

여행은 늘 설렘과 새로운 환경에 대한 기대감이 있었다. 그런데 이번 여행은 갈등 속에서 시작되었고 펜션에 도착해서도 마음이 편치 않았다. 무엇보다 남편 혼자 집에 두고 온다는 것이 미안했다. 여행

말을 꺼냈을 때 남편이 선선히 승낙은 해 주었지만 그렇다고 가슴에 뻥 뚫린 상처가 아문 것은 아니었다. 그래서 참석 여부를 두고 혼자 고민을 할 때 시어머니 꿈을 꾸었다. 꿈에서도 갈피를 잡지 못하고 고민을 하고 있는데 시어머니가 작은 가방 하나를 나에게 건네며 등을 다독여 주셨다. 너무 평온해 보이는 모습에 두 마음이 팽팽해졌다. 며칠을 두고 고민하던 마음이 또 맞선 것이다. 아직 시어머니를 마음에서 보내드리지 못한 상황에서 여행은 당치도 않다는 것과, 동료들과의 약속은 지켜야 한다는 것의 대립이었다. 시어머니의 상을 치룬 지 열흘만의 나들이였기에 나의 고민은 깊었다. 작년에 졸업한 학교의 여자동기들과 친목을 다지기 위해 일 년 전에 계획한 여행이었다. 전업주부는 한 사람도 없고 다들 직업이 있어 날짜 잡기가 쉽지 않은 상황에서 정해진 여행이라 기대감도 있었다. 그런데 시어머니가 떠나신 후 부쩍 외로움을 타는 남편한테 말 꺼내기가 차마 민망했다. 여행날이 다가오자 각자 출발하지 말고 합석해서 함께 가자는 제안이 있었고 약속 장소도 정해졌다. 꿈을 깨고 나서 결심을 했다.

차를 타고 가는 내내 아침부터 오던 비가 그치기는커녕 더 세게 퍼부었다. 요동치는 내 마음처럼 빗방울이 자동차 유리창을 사정없이 때렸다. 시어머니가 가신 지 며칠이나 되었다고 여행을 가느냐고 신이 노한 것 같은 착각마저 들었다. 어둠이 시야를 가렸고 초행길의 불안함도 있었다. 이렇게 목적지인 펜션에 도착을 했다. 짐을 풀고 아직 오지 않은 동료들을 기다리며 창밖의 주변 환경에 반할 즈음 눈꺼풀이 자꾸 내려앉았다. 의자에 앉아 눈을 감고 잠시 눈동자를 쉬게 했다. 동료들의 대화가 이어지고 나는 휴식 중인데 시어머니가 내 앞으로 오셨다. 생시에는 잘 웃지도 않던 분이 함박꽃 같은 웃음을 지으며 내 앞에 모습을 드러내신 의도는 무엇이었을까? 그렇지 않아도 남편 혼자 두고 온 것이 목에 걸린 가시 같아 불편하기 짝이 없었는데 내 우려와는 반대로 시어머니는 꽃 한 송이까지 들고 계셨다. 106세의 생을 마감하던 날 내가 떠먹여 드린 미음을 받아 잡수시고 잠들어 계실 때처럼 편안해 보이는 모습에 불편했던 마음이 가라앉았다.

과수원을 일구던 초창기 때였다. 아이들을 잠재워 놓고 밭의 풀을 매고 있는데 시어머니가 오셨다. 땀으로 흥건히 젖은 내 옷을 수건으로 닦아주시며 한더위에는 쉬었다 하라고 하셨다. 남편하고 의견 차이가 있을 때면 시어머니는 내 편에 힘을 실어주시곤 했다. 젊은 사람들이 산에서 산다고 과수원 일구는 것을 반대하던 시어머니셨다. 그런 내게 모처럼의 여행을 즐기게 해주고 싶은 시어머니의 다독거림이 있었기에 가능했던 여행이었다.

평소에 전화를 잘 하지 않던 그이가 요즈음 들어 부쩍 내 근무시간에 전화를 자주 한다. 남편으로부터 시어머니가 보고 싶다는 말을 들으면 내 가슴이 오그라드는 것 같았다. 나도 시어머니가 가신 아픔이 큰데 남편은 오죽 할까. 나에게는 1박 2일의 여행이 남편은 1박 2일의 외로움이 아니었기를 바라본다.

여행에서 돌아올 때도 비는 쉬지 않고 왔다. 그러나 나는 차분해졌다. 시어머니의 다독거림 덕분이었다. 혼자 즐기고 온 미안한 마음이 어찌 없으랴. 정성껏 저녁밥을 지어 그이와 오순도순 먹으며 가슴 깊이 묻어 있을 그리움을 꺼내도록 토닥여 주리라.

작은 소리도

문제의 발단은 아주 사소한 것이었다.

운전석 바로 뒷자리에서 한 남자가 신문을 보고 있었다. 바스락거리며 신문 넘기는 소리가 좀 유별나다 싶었다. 좌석이 두 칸이나 떨어져 있는 나의 귀에도 거슬렸던 것이다.

'좀 천천히 넘기지.' 혼자 생각하는 순간 버스 기사가 한마디했다.

"손님, 소리 나지 않게 넘길 수 없어요?"

"아따, 신문도 마음대로 못 보는 세상이 돼 버렸소."

남자는 짜증 섞인 목소리로 대꾸를 했다. 잠시 무거운 침묵이 흘렀다.

"신문 보는 것도 간섭을 하다니, 허허 참 기가 막혀."

남자는 신문을 움켜쥐고 맨 뒤의 빈자리로 갔다. 누가 봐도 찬바람이 이는 걸음이었고 말소리 또한 불쾌한 감정이 담겨있었다.

한동안 바윗덩어리에 눌려 있는 기분이었다. 시간이 갈수록 분위기는 더 무거웠다. 전방을 주시하며 긴장을 늦추지 않았다. 서로의 마음을 추스릴 시간이 필요하다는 생각이 들었다. 긴 침묵을 깨고 묵직한 음성이 들려왔다

"아따 기사양반, 조용한 음악 좀 틀어주쇼. 마음이 불편할 때는 음악이 제일입디다."

어느 승객의 요구에 기다리고 있었다는 듯이 피아노선율이 버스 안을 채웠다. 그 때서야 거꾸로 매달린 것 같은 불안한 분위기가 평정을 찾은 듯했다. 옆자리에서도 자리를 뒤척이며 심호흡을 했다. 눈을 감고 흐르는 선율에 몸을 맡겼다. 나뿐만 아니라 모두들 말은 하지 않았지만 속내는 불안했던 모양이다.

대중교통은 승용차와 다르다. 그러기 때문에 상대방에 대한 배려가 필요하다. 오늘 문제가 된 신문 넘기는 소리도 운전석 바로 뒷자리가 아니라면 그냥 넘어갈 수도 있었을 것이다. 그러나 승객의 안전을 책임진 운전자는 작은 소리에도 예민해져 신경이 쓰일 수밖에 없다.

대부분의 사람들은 자기의 입장에서 먼저 생각을 한다. 사회가 각박해지고 문명이 발달할수록 상대방을 배려하는 것이 우선시 되어야 하는데 감성지수가 따라가지 못하는 것 같다. 언제쯤 우리 사회가 상

대방의 입장을 먼저 배려하는 것이 생활화 될 수 있을까? 너부터가 아니라 나부터. 내가 아니라 우리가 되는 사회를 꿈꾸는 것이 허망한 바람이 아니기를 기대해 본다.

상대방을 배려했다면 얼마든지

"손님, 조금만 소리 나지 않게 신문을 넘겨주시면 좋겠습니다."

"미안합니다, 그렇지 않아도 피곤하실 텐데 신경을 거슬리게 해서 정말 미안합니다."라고 말했을 텐데.

목소리 큰 사람이 어른이던 시대는 지났다. 변화에 익숙한 사람이 시대에 순응도 잘 한다. 밀물처럼 들어오는 새로운 문물이 아무리 좋다 하더라고 버릴 것은 버리고 받아들일 것은 받아들이면서 사회의 구성원으로서 자기 역할을 해야 한다. 더불어 사는 사회에서는 조화로운 소리가 나는데, 나만 생각하는 사회에서는 쓴소리가 나곤 한다. '남의 눈에 티, 자기 눈에 들보'라는 말이 있다. 자신의 큰 허물을 보지 못하고, 남의 작은 허물을 트집 잡는 것을 비유해서 나온 말이다.

오늘 버스에 동승한 대부분의 승객은 기분이 언짢았을 것이다. 불쾌한 속내를 침묵으로 넘겼다. 신문을 움켜쥐고 자리를 옮겨 앉은 남자는 승객들을 바라보며 무슨 생각을 했을까?

지난주 어린이집 아이들 교통안전교육 시간에 대한이가 한 말이 불현듯 생각난다.

"선생님, 우리 아빠가 차 안에서는 소곤거리듯 말을 하래요. 큰 소리는 운전하는 데 지장이 있다고." 일곱 살 아이도 아는 차 안에서의 소음을 그 남자는 진정 몰랐을까?

봄 마중

아무 소리도 들리지 않는 것 같은데 귀를 쫑긋 세우면 들릴 듯 말 듯 미미한 소리가 있다. 걸음을 멈추고 소리 나는 쪽으로 귀를 세우고 집중을 한다. 그렇게 지낸 지 며칠째다. 작은 움직임도 눈에 띄지 않았는데, 오늘은 뾰쪼롬히 흙이 솟구쳐 있다.

계절의 변화는 시각으로 먼저 느낀다. 4계절 중에서도 시각적인 변화가 가장 두드러진 계절은 봄이 아닌가 싶다. 그 변화의 중심은 푸름이다. 생명력이 있는 강한 메시지인 것이다. 아직도 건재하다고, 내게도 생명이 있다는 것을, 알려주고 보아 달라고 응석을 부리는 것도 같다.

밋밋하던 나뭇가지가 살갗에 돋아난 뾰루지처럼 약간 솟는가 싶으면 그때부터는 변화에 가속이 붙는다. 계절이 바뀌었다고, 내가 겨울을 이렇게 잘 지냈다는 것을 풋풋함으로 보여주면서 마음을 설레게 한다. 그뿐만이 아니다. 보고만 있어도 힘이 솟는 것 같고 움직이고 싶은 충동이 인다. 어디라도 가고 싶어진다. 마음이 통하는 사람과 함께라면 더 좋고 혼자 나서도 봄바람이 동무해 줄 것만 같아진다. 그림자와 둘이 걷는 들길에서 앙증맞은 꽃을 만나고, 가끔은 파릇파릇 돋아난 새싹한테서 예전에는 느끼지 못했던 감동이 일기도 한다.

계절의 변화는 눈으로 알 수 있는 것도 있지만 느낌으로도 알 수 있다. 겨우내 즐겨 입었던 두꺼운 외투가 거추장스러워 장롱 안의 알록달록한 옷을 꺼내 입는다. 살랑거리는 스카프까지 두르면 콧노래가 흥얼거려진다.

봄나물이 어디선가 나를 기다리고 있을 것 같아 서둘러 바구니를 옆에 끼고 집을 나선다. 들판 여기저기를 기웃거려도 이른 마중으로 빈 바구니로 돌아서기가 아쉬워 검불을 담아 걸음을 옮긴다. 그래도 서운하지 않음은 봄이라는 느낌이 주는 넉넉함이 있기 때문인가 보다.

희미한 소리가 들리는 것 같다. 소리에 이끌려 가는 곳은 대문 옆의 양지바른 언덕이다. 논길을 한참이나 걸어도 손에 잡히지 않던 쑥이 소담스레 자라있다. 반가움에 마음이 울컥해진다. 바람이 부니 여린 잎들이 파르르 움직인다. 그 모습 위로 백일 무렵 보았던 손자가 어른거린다. 티 없이 해맑은 녀석의 피부만큼이나 쑥이 보드랍다. 한참을 보고 있어도 신기함에 눈이 떼지지 않는다. 연둣빛 잎에서 재잘거리며 건강하게 자라고 있을 손자의 모습을 보는 듯해서다.

조금 전에 들었던 그 희미한 소리가 또 들린다. 주변을 두리번거리니 쑥이 잔치라도 벌인 양 새싹을 돋고 키우느라 여념이 없다. 서너 발짝 너머에는 달래가 무리지어 있다. 그러고 보니 내가 들었던 쑥의 부름은 달래를 보게 하려는 배려가 아닌가 싶다. 사실 나는 집 주변의 쑥은 뜯지 않는다. 상큼한 그만의 향내가 좋아 그 속에 묻혀 살고 싶은 욕심 때문이다.

나와 눈인사를 한 달래의 자세가 꼿꼿해진다. 그러더니 자꾸만 손사래를 친다. 그곳은 다름 아닌 찔레나무가 무리지어 있는 곳이다. 봄이 오는 소리를 확실하게 듣게 해주겠다는 품이다. 묵은 가시덤불 사이에서 새봄을 맞는 찔레는 여기저기서 아우성이다. 불그레한 여린 잎에서 연민이 느껴진다. 한 뼘 정도 자라면 지나다니는 뭇사람들의 꺾임에 수난을 당할 것을 생각하니 애처롭다. 이제부터는 어릴 적 생각에 무심코 순을 잘라 질근질근 씹지 않으리라.

집으로 돌아오는 길에 들떠 있는 흙 속에서도 봄의 소리가 들린다. 지난 가을에 메말라진 매발톱에서 새순이 제법 자라있다. 여기저기서 들려오는 봄의 소리는 누가 마중을 하지 않아도 때맞추어 온다. '새순 돋는 것을 보면 내 새끼가 크는 것 같다.'던 어느 농부의 말이 아니더라도 새순 돋는 소리가 좋아 4계절 중에 봄을 더욱 좋아하는지도 모른다.

무엇을 줄까

20대 국회의원 선거 다음 날인 오늘 손전화가 많이 울렸습니다. 도와준 것도 없는데 선거에 협조해 주어서 고맙다고 합니다. 격려하고 지지해 주어서 감사하다고도 합니다. 자기들의 아픈 마음은 이야기하지도 않고, 아무렇지도 않은 나에게 격려를 해줍니다. 정말로 울고 싶은 사람들이 변화의 분위기에 밀려 듣기 좋은 말로 귀를 현혹시킵니다. 더러는 가당찮은 말을 늘어놓고 기어들어가는 목소리로 현실을 탓하기도 합니다. 그들에게 손수건 하나씩을 주고 싶습니다. 민심의 흐름은 무서운 변화를 일으켰습니다.

나도 오늘은 손전화를 많이 사용했습니다. 선거에 관여한 지인들에게 그 동안 고생 많았다고 위로를 해주었습니다. 노력한 보람이 있다고 격려도 했습니다. 이야기하는 상대방의 목소리가 톡톡 튀었습니다. 모습은 보이지 않았지만 상대방의 표정이 무척 밝은 듯했습니다. 이 사람들에게 장미 한 송이씩을 주고 싶었습니다. 그 동안의 수고를 마음껏 치하해 주고, 발품 팔고 다니면서 겪었을 고생에 대해 인정도 해주었습니다.

희비가 엇갈렸습니다. 남의 일인데도 자기의 일인 양 기뻐하는 사람이 있는가 하면 흥분하여 상대방을 인신공격하는 사람도 있습니다. 그저 도와준다는 말이 빈말 같은 사람이었습니다. 대가를 바라지 않고 순수한 마음으로 선거운동을 했다면 결과에 승복하고 상대방의 당선을 인정해 주어야 합니다.

당선한 사람이 있으면 낙선한 사람도 있기 마련인 것이 선거입니다. 그런데 하나 같이 당선되기만을 바랍니다. 몇 사람이 출마를 해도 한 지역에서 한 사람 밖에 뽑지를 않으니 웃음 짓는 사람보다 울상인 사람이 더 많은 것은 당연합니다. 선거는 치르면 치를수록 혼탁해지는 것 같습니다. 결과에는 민심이 반영된다는 것을 알아야 합니다. 그런데도 자기가 당연히 당선될 줄 알고 있었는지 그럴 줄 몰랐다고 억울해 하기도 합니다.

어느 선거든 결과에 웃는 사람은 꾸준히 노력하고 봉사한 사람이 아닌가 싶습니다. 개중에는 뜻밖의 인물이 당선되기도 했습니다. 당선은 잘난 척 자랑하는 사람의 몫이 아닙니다. 상대방을 인신공격하는 사람의 몫은 더더욱 아닙니다. 낮은 자세로 사람을 섬길 줄도 모르면서 당선을 바라는 것은 가당치도 않은 일입니다. 돈으로 상대방의 마음을 얻는 시대는 지났습니다. 성실하고 올바른 언행으로 상대방의 마음을 얻어야 합니다. 신뢰가 어느 날 갑자기 생기는 것이 아니듯 꾸준히 봉사하고 노력하는 사람에게 영광이 돌아갑니다. 그런데도 작은 그릇에 물은 많이 채우려고 합니다. 깨진 독에 물이 넘쳐나기를 바랍니다. 욕심이 지나치면 화가 된다는 것을 입으로는 말하면서 가슴으로는 외면합니다. 낙선 된 것이 상대방이 불법 선거운동을 했기 때문이라고도 합니다. 불법은 본인이 저질러 놓고 상대방을 운운합니다. 자기 눈의 티는 자기가 볼 수 없는데 남의 눈의 티는 볼 수가 있습니다. 보지도 않는 것은 믿으면서, 보이는 것을 손으로 가리려고 하는 사람이 많습니다. 그러니 결과에 승복하지 않고 선거가 끝나도 상처가 더 심해지는 것은 아닌가 싶습니다.

내가 가지고 싶은 것은 상대방도 갖기를 원합니다. 내가 떨어지기가 싫으면 상대방도 떨어지기가 싫을 것입니다. 자기가 상대방 후보보다 부족하다는 것을 인정하는 후보자가 과연 얼마나 있을까요? 오늘은 나막신 장사와 우산 장사 아들을 둔 어미의 심정이 이해되었습니다. 날씨에 따라 우산이 잘 팔릴 수도 있고, 나막신이 잘 팔릴 수도 있습니다. 그러니 어느 한 아들은 웃겠지만 다른 한 아들은 울상이겠지요. 손수건을 건네주고 싶은 사람이 장미 한 송이를 건네주고 싶은 사람보다 많은 오늘, 변덕쟁이 날씨처럼 우울하다가 웃기를 반복 했습니다. 이런 소식을 가감 없이 전해준 손전화에게는 장미 한 송이도 손수건도 아닌 수고 했다는 말 한 마디 해주면 되는데 인색 했습니다. 그래도 불평 한마디 없는 것이 변덕스런 감정을 가진 사람보다 낫다는 생각이 드는 것은 무슨 연유일까요?

끈

윙윙 바람 지나가는 소리가 들립니다. 나뭇가지가 무엇을 잘못했기에 저렇게 뭇매를 맞고 있을까요. 이렇게 추운 날에는 방에 보일러를 빵빵하게 넣고 계실까? 움직이기 귀찮다고 식사는 거르지 않으셨을까? 걱정이 되어 습관처럼 친정어머니께 전화를 하곤 했습니다.

오늘도 무심코 손전화를 꺼내 버튼을 누릅니다. 신호가 가도 전화를 받지 않습니다. 혹시 번호를 잘못 눌렀나 하는 생각에 다시 전화번호를 눌렀습니다. 신호가 가고 또 가도 전화를 받지 않습니다. 전화기에 입력된 숫자를 확인합니다. 친정집 전화번호가 확실합니다. 가슴이 덜컹 내려앉습니다.

떨리는 손으로 언니 전화번호를 누릅니다. 기다리고 있었다는 듯이 언니 목소리가 수화기 저편에서 들려옵니다. 다급하게 어머니가 전화를 받지 않는다고, 무슨 일이 있는 것 아니냐고 울먹거렸습니다. 언니가 무슨 일 있었느냐고 묻습니다. 아무 말도 못하고 있으니 이름을 부르고 또 부릅니다. 오랜만에 들어보는 내 이름입니다. 아버지 어머니가 지어주신 내 이름을 언니가 또 부릅니다.

언니가 굳어진 목소리로 어머니 돌아가셨다고 합니다. 며칠 전에 장례를 치르지 않았느냐고. 그 말을 듣는 순간 어머니 관을 붙잡고 울었던 기억이 떠오릅니다. 둘이서 말없이 한참을 수화기만 들고 있었습니다. 그러다 언니한테 물었습니다. 이제 우리 친정도 없어졌느냐고. 그리고 또 말문이 막혔습니다. 언니가 침묵을 깨고 말을 합니다. 우리가 태어나고 자란 집이 있는데 왜 친정이 없느냐고. 친정에 가고 싶으면 그 친정집으로 가면된다고 합니다. 어머니 아버지도 계시지 않는데 빈집에 가서 뭘 할 것이냐고 물었습니다. 언니가 그럽니다. 친정집도 없는 사람이 있는데 그래도 우리는 아버지 어머니는 계시지 않지만 친정집이라도 있지 않느냐고. 보채는 아이마냥 친정타령을 하는 나에게 언니가 "그래 빈집에 가서 뭐할 거냐. 친정에 가고 싶으면 언제든지 우리 집으로 와라. 밤중에 와도 괜찮다."

아버지가 돌아가셨을 때는 친정의 부재에 대해 생각도 하지 않았었습니다. 아버지의 빈자리가 느껴졌지만 어머니가 계신 것으로 채워졌습니다. 그런데 어머니마저 돌아가시니 끈이 떨어진 기분입니다. 어머니의 끈은 사방으로 이어지고 뻗어져 있었습니다. 그 끈은 언제나 튼튼했고 누가 잡아도 자연스러웠습니다. 그 끈이 있음으로 해서 사소한 오해로 인해 서먹서먹하던 분위기가 풀렸고 작은 일도 서로 모여 의논을 했습니다. 용건이 없어도 언니 오빠 동생들이랑 거의 날마다 통화를 했었습니다. 무슨 이야깃거리가 있어 그리 날마다 전화를 했는지 모르겠습니다. 생각해 보니 어머니가 돌아가신 후 형제간에 조금은 소원해진 것 같습니다.

친정집은 오빠가 관리를 한다고 했습니다. 어머니 삼우제를 모시고 형제들이 헤어질 때 오빠가 그랬습니다. 친정에 오고 싶으면 언제든지 오라고. 친정집 살림도 그대로 보관할 것이라고 했습니다. 그런데도 끈이 떨어졌다는 생각이 드는 것은 무슨 연유일까요? 내가 잡고 있는 끈은 단순한 끈이 아닌 탯줄인가 봅니다. 어머니로부터 받은 언니, 오빠 동생들까지 연결된 탯줄 말입니다.

몸이 멀어지면 마음도 멀어진다더니, 어머니가 계시지 않는데 끈이 제대로 동여매질 리 없겠지요. 부모님이 계시지 않으니 우리 형제들이 더 가까이 지내면서 형제간의 우애도 다지고 서로 보살펴가면서 살아야 되는데 저는 끈 타령을 하고 있습니다. 친정에 가고 싶으면 지근거리에 있는 친정집에 가서 둘러보고 오거나 오빠 집에 가면 될 텐데 말입니다.

내일 주말에는 어머니 살아계실 때처럼 형제들이 모여 왁자지껄하게 이야기꽃도 피우고 삼겹살 파티라도 하면서 끈의 견고함을 확인해 보아야겠습니다. 다른 형제들은 괜찮은데 나만 괜스레 조바심을 치는지도 모릅니다. 나를 있게 해준 어머니가 영영 가셨으니 당연히 잡았던 손 놓친 것 같고, 나를 지탱해준 끈도 끊어질 듯 위태합니다.

어머니께 못다 한 효가 끈의 부실함으로 느껴졌는지도 모릅니다. 형제들에게 더 다감해지라고 어머니와 친정집에 대한 그리움이 밀려왔나봅니다. 어찌되었건 이번 기회에 나의 연결고리에 대해 다시 한 번 생각해 봅니다.

아무리 견고한 끈도 부실하게 묶으면 풀리기 마련일 것이고, 좀 부실한 끈이라도 잘 동여매면 풀리지 않을 수 있습니다. 오빠를 위로해 드려야겠습니다. 친정집 관리하느라고 수고한다고. 아버지 어머니의 끈을 누구보다 오빠가 견고하게 관리하고 싶을 테니까요.

맏이인 언니한테 다시 전화를 합니다. 아버지 어머니의 끈이 모두 모이자고. 아마도 조금씩 느슨해진 끈을 모두가 잘 동여매기 위해 부산하게 발걸음을 옮길 것입니다.

곱게 늙기

사진관 앞에서 후배 선영이 어머니를 만났다. 손에 염주를 꼭 쥐고 계셨다.

선영이는 학교 다닐 때부터 병치레가 잦았다. 밥 구경도 못한 아이처럼 삐쩍 마른 선영이는 밖에서 친구들과 노는 날 보다 방안에 누워 있는 날이 더 많았다. 뼈 마디마디가 쑤시고 아픈 병에 오랫동안 시달리다 결혼도 못 하고 십여 년 전에 세상을 떠났다. 대대로 내려오던 윤택하던 집안 살림은 선영이 밑으로 다 썼지만 확실한 병명도 모른 채 고통 속에서 살다 죽었다. 통증이 있을 때면 이를 악물고 참다가 그래도 견디기가 힘들면 고래고래 소리를 질렀다. 그러다 지쳐 쓰러져 잠이 들면 그때에야 고통에서 헤어났다. 그런 고통 속에서도 선영이는 어머니가 보이면 힘든 모습을 보이지 않으려고 주먹을 움켜쥐었다. 그래도 참기가 힘들면 닥치는 대로 헤집어 팠다. 선영이 손끝은 뭉개지고 닳아서 흡사 한센인 손 같았다.

눈시울이 붉어지는 나에게,

"우리 선영이 이제는 고통 없는 세상에서 잘 지내고 있을 거야." 하시며 먼 산으로 시선을 옮기셨다. 선영이가 소리를 지를 때면 당신 뼈가 녹아내려도 이처럼 아프지 않을 것이라며 딸을 부둥켜안고 같이 울었던 분이다. 자식이라고는 하나뿐인 선영이를 잃고나서 선영이 어머니는 넋이 나간 사람마냥 살았다. 자식 먼저 보낸 사람이 무슨 염치로 음식을 먹겠느냐며 굶는 날이 많았다. 그러면 시부모님도 자식 손녀를 지키지 못한 늙은이가 어떻게 밥상을 받겠느냐며 함께 굶었다. 당신보다 더 가슴이 녹아내렸을 시부모님을 생각하니 더 이상 음식을 거부할 수가 없었다. 당신 건강이 회복되는 만큼 시부모님의 건강도 호전이 되었다 . 남편과 자식은 떠났어도 연로하신 시부모님이 계신 것이 의지가 되었다.

요즈음 선영이 어머니는 시부모님 봉양하는 틈틈이 장애우들이 이용하는 시설에서 봉사활동을 한다. 눈망울이 초롱초롱한 아이들을 돌보고 있노라면 그렇게 감사할 수가 없다고 한다. 건강해서 감사하고, 누군가에게 사랑을 줄 수 있어 감사하고, 혼자가 아님도 감사하다는 것이다.

텃밭에 철 따라 남새를 가꾸어 손을 자유롭게 움직이지 못하는 아이들에게 쌈을 싸서 먹이는 선영이 어머니. 비틀거리며 걷는 아이일망정 육신의 아픔이 없으니 얼마나 다행이냐며 힘내라고 격려를 아끼지 않는 천사 같은 분. 골 깊은 주름에 삶의 고뇌가 스며있는 듯하다.

오늘 모습이 참 평온해 보이는 것은 아마도 선영이 영정사진 앞에서 당신이 움직일 수 있는 날까지 몸이 불편한 아이들을 보살펴 주겠다는 다짐을 하고 오셨기 때문이 아닌가 싶다. 자식도 없는 사람이 당신 건강이나 챙기지 아프기라도 하면 어쩌려고 몸을 아끼지 않느냐고 주위에서 염려를 하면,

"손이 필요한 사람에게 손이 되어 주고, 발이 필요한 사람에게 발이 되어 주는데 이 보다 보람 있는 일이 어디 있겠소." 하며 움직이는 것이 당신 건강을 지키는 것이라고 하신다. 사람들이 선영이 어머니가 곱게 늙는다고 하는데 그 비결은 마음 비움이 아닌가 싶다.

선영이 생각에서 벗어나 누군가에게 도움을 주는 것이 처음에는 쉽지가 않았다고 한다. 선영이 생각이 날 때면 정신이 반쯤 나간 사람처럼 일을 하며 선영이를 떨쳐냈다. 그러다 절룩거리며 걸어가던 아이가 넘어진 것을 일으켜 주었다. 그날 밤 선영이 어머니는 그 아이가 어른거려 잠을 이루지 못했다고 한다.

'자식 먼저 보낸 사람이 무슨 낙으로 사는지 모르겠다.'는 주위의 수군거림을 들을 때는 쥐구멍으로라도 숨고 싶은 심정이었단다. 시부모님을 생각해서라도 정신을 차리지 않을 수 없었다는 자식의 도리를 지키신 분. 시부모님을 남편의 몫까지 섬기겠다는 책임감. 작은 보살핌일망정 누군가에게 도움이 될 수 있다면 건강이 허락하는 한 하고 싶다는 의지가 대단하다.

선영이 어머니의 얼굴 모습이 사진관 앞에 걸린 활짝 웃는 모습의 사진 속 주인공처럼 편안해 보인다. 선영이 어머니가 나이보다 젊어 보이는 비결은 연로하신 시부모님을 지극 정성으로 모시면서 어려운 이웃을 살피는 정 때문이 아닐까.

변덕쟁이

길가의 가로수는 변덕쟁이인가 봅니다. 몇 주 전에는 누리끼리한 옷을 입었었는데 오늘은 노르스름한 옷을 입었습니다. 다음에는 어떤 옷으로 바꾸어 입을지 사뭇 기대가 됩니다. 가로수뿐만이 아닙니다. 앞산과 뒷산의 나무들도 날마다 조금씩 더 짙어지는 색깔로 옷을 바꾸어 입습니다. 봄부터 여태까지 한 가지 색만 입어서 싫증이 났을까요? 아니면 화려한 옷이 입고 싶어졌을까요?

이유가 무엇이든 눈을 참 즐겁게 해줍니다. "보기 좋은 떡이 맛도 있다."라고 했던가요. 보는 즐거움이 예사가 아닙니다. 예쁘다, 참 곱다라는 말이 생각할 겨를도 없이 툭툭 튀어나옵니다. 그것만이 아닙니다. 옆 나무의 옷과도 비교가 되고, 너무 예쁜 나머지 탐이 나기도 합니다.

노란 옷을 입은 은행나무는 두 팔을 활짝 뻗어 병아리를 가득 안고 있는 것 같습니다. 팽나무는 어렸을 때 보았던 언니의 불그족족한 스카프를 멋스럽게 두른 것 같습니다. 홍색 옷을 입은 단풍나무는 무엇이 그리 좋은지 한참도 쉬지 않고 나풀거립니다. 아마도 댄스 연습이라도 하는 모양입니다.

얼마나 화려한 옷이 입고 싶었으면 감나무는 열매까지도 불그스레 합니다. 그러니 까치가 가만 두지 않고 쪼아대는 통에 몸살을 앓습니다. 감들이 볼멘소리를 하면 그런 고운 열매를 그냥 달고 있을 줄 알았느냐고 합니다. 까치에게 습격을 당해도 감출 수가 없으니 달리 방법이 없습니다. 산기슭의 청미래도 요염한 자태를 뽐내며 오가는 이의 눈길을 끌어 모읍니다. 줄기에 가시가 있어 선뜻 손이 가지 않던 지난날과는 달리 사람들이 조심스레 줄기를 툭 끊어 가곤 합니다. 일명 벽걸이 장식용이라는 명목으로 말입니다. 거들떠보지도 않던 사람들의 시선이 모여드니 부끄럼을 타는지 얼굴이 화끈 달아오른 청미래는 연신 수줍어서 어쩔 줄을 모릅니다.

상수리나무가 몸을 꼬는 청미래 가지에 도토리 하나를 떨어뜨리며 다람쥐에게 전해 주라고 합니다. 데굴데굴 굴러간 도토리는 얼른 풀섶에 몸을 숨기고 기척을 내지 않습니다. 겨울 내내 흙 속에 묻혀 바깥 바람도 쐬지 못할 것을 생각하니 기가 막히는 것입니다. 가만히 숨어

있다 내년 봄에 뿌리를 내리면 청미래처럼 예쁜 옷을 입을 것도 같습니다.

소나무를 감고 올라가던 담쟁이넝쿨도 색깔이 달라졌습니다. 잎은 작지만 닥지닥지 붙어있어 화려함은 나무랄 데가 없습니다. 옻나무도 계절을 아나봅니다. 스치기만 해도 나에게 가려움을 주어 눈 마주치는 것조차 멀리했는데 애달프다는 생각이 듭니다. 조심스레 보기만 하면 될 것을 여태 멀리한 것이 안타깝습니다.

한 무더기의 갈대가 수수하게 단장을 했습니다. 화려하지는 않지만 그렇다고 곱상스럽지도 않습니다. 허연 머리며 구부러진 허리가 영락없이 우리 할머니 같습니다. 어서 안기고 싶어 달려가면 천천히 오라고 손짓하시던 할머니 모습을 갈대한테서 봅니다. 그러고 보니 옷도 할머니가 즐겨 입으시던 그 색깔입니다. 다만 한 가지 다른 점은 우리 할머니는 늘 쪽을 지셨는데 갈대는 머리를 풀어 헤쳤습니다. 그래도 싫지가 않습니다. 바람에 간간이 흩어지는 갈대의 홀씨가 오히려 마음을 착잡하게 합니다.

갈대무리를 지나자 들국화가 화들짝 반겨줍니다. 어쩜 이리도 고울까요. 걸음을 옮길 수가 없습니다. 차곡차곡 곱디고운 색깔들을 담습니다. 가슴에도, 눈 속에도, 귓 속에도, 그러나 마음은 그냥 비워둡니다. 이 가을이 아직 남아 있으니 채울 것도 남아 있을 테니까요.

어디서 날아왔는지 플라타너스 잎이 내 앞으로 굴러옵니다. 가을 옷을 구경하는 나에게 이런 옷도 있다고 알려 주려나 봅니다. 길쭉한 생김새며 색깔은 여느 나뭇잎과 다를 바 없는데 나름의 특성이 있습니다. 참나무 잎보다 넓고 길쭉한 것이 믿음직해 보입니다.

나도 울긋불긋한 옷이 입고 싶어집니다. 이순이 넘은 나도 변덕쟁이가 되려는가 봅니다. 홍단풍나무 옷이 탐이 납니다. 몸에 맞지 않아도 좋습니다. 이 계절을 마음껏 누릴 수만 있다면 품이 조금 큰들 어떻고, 몸에 끼인들 어떻습니까. 사람들 보기에 볼썽사납지 않고 내가 좋으면 되는 것 아닐까요.

보면 볼수록 산야가 눈을 크게 뜨게 해줍니다. '게으른 것이 눈이라 했던가요.' 보지 않으면 느낄 것도 없고 얻을 것도 없겠지요. 이렇게 마음을 푸지게 해주는 것도 당연히 보지 못하겠지요.

가로수만 변덕쟁이인 줄 알았는데 온 산야도 마찬가지입니다. 그런데도 변덕쟁이가 싫지 않습니다. 지조가 없다고 해도 어쩔 수 없습니다. 가슴으로 느끼고 마음으로 받아들이는데 변덕쟁이면 어떻습니까? 자연을 그저 있는 그대로 즐기면 되는 것을요.

자연이 주는 화려함과 순수함이 잘 어우러진 하루입니다.

2.

선생님, 언제 또 가요
주은이가 웃는다
벌레 친구
푸르게 자라는 생각나무
나영이의 세상나기
생각주머니
와, 영웅이다
봄이 오는 소리
모전여전
아이들은 인생의 표본
임산부 등에 업혀

선생님, 언제 또 가요

하원 준비를 하는 대한이 표정이 시무룩하다. 더 놀고 싶어서 그런가 보다고 생각하는 찰나 "선생님."하고 부른다. 눈이 마주치자 내 곁으로 다가오더니 대뜸 개미가 걱정이라고 한다. 오전에 숲 유치원에 갔을 때 개미를 잡아 손에 쥐고 다녔는데 없어졌다 한다. 그러니 그 개미가 집을 찾아가지 못하면 어떻게 하느냐는 것이다.

미끄럼틀 앞에서 개미를 한 마리 잡아 대한이 손에 올려주었다. 개미는 한시도 가만히 있지 않고 움직이더니 이내 대한이 손에서 벗어났다. 그 개미도 집으로 돌아갔을 것이라고 했더니 표정이 밝아진다.

숲 유치원을 다녀오는 날이면 아이들의 생각주머니가 활짝 열린다. 뿐만 아니라 자기가 한 행동을 반성도 할 줄 안다. 곤충이지만 집을 잃어버릴까 걱정을 하고 자기로 인해 개미가 겪었을 고생을 미루어 짐작도 하는데 생명의 소중함을 어찌 모르겠는가.

숲 유치원 선생님이 잡지 말고 눈으로 보라고만 했는데 왜 개미를 잡았느냐고 물으니 그냥 잡아보고 싶었단다. 잡았을 때는 무섭지 않았는데 선생님 말씀을 듣지 않은 것은 잘못이란다. 내가 묻기도 전에 스스로 잘못을 알고 반성을 하는데 무슨 말로 더 타이른단 말인가.

숲 유치원은 두 달에 한 번 간다. 이날은 아이들이 질문공세를 하면서 쉼 없이 움직인다. 그러나 궁금한 것을 만져보고 싶어 하는 아이들에게 자제를 당부하지 않을 수 없다. 자연에 나와서까지 아이들의 행동을 제한하는 것은 한 눈을 가리고 하늘을 보라고 하는 것과 같지만 안전을 위해서는 어쩔 수 없다. 숲 유치원에 근무하는 해설사가 더 많이 늘어나 아이들의 생각주머니가 자주 열리기를 바라는 것이 욕심이 아닌 현실이 되었으면 좋겠다.

교실에서만 생활하는 아이와 자연을 자주 접하는 아이의 사고능력은 분명 차이가 있다. 벌레는 다리로 걸어가는데 지렁이는 배를 땅에 붙이고 기어간다. 벌레가 가는 속도도 크기에 따라 다르니, 작은 벌레는 한참을 가도 조금 밖에 못 가고, 큰 벌레는 조금만 가도 저 만큼 간다. 아이들은 교실에서는 아무리 말을 해도 이해를 더디게 하는데 눈으로 보면서 설명을 하면 이해가 빠르다. 인성교육을 입으로 외치기보다 자연 속에서 스스로 터득할 수 있도록 해주는 것이 교육의 몫이 아닌가 싶다.

오전에 숲 유치원에 다녀왔는데 대한이가 언제 또 갈 것이냐고 묻는다. 다음에는 선생님 말씀도 잘 들을 것이라고 한다. 대한이가 내 귀에 대고 속삭인다. 개미가 손바닥에서 기어 다닐 때 아무 느낌이 없었다고. 그래서 개미가 없어지는 줄도 몰랐다는 것이다. 벌레가 피부에 닿거나 파리가 날아와 앉으면 싫다는 느낌이 있었는데 개미는 느낌이 없는 것이 이상하다고.

숲 유치원에서 오려고 할 때 솔방울을 보고 생각 난 것이 있었다고 한다. 다음에 숲 유치원에 가면 아이들과 솔방울로 축구를 해보고 싶다며 보름달처럼 활짝 웃는다. 자주 가고 싶어 하는 대한이의 바람은 언제쯤 이루어지려나.

주은이가 웃는다

주은이가 웃으면서 어린이집 대문을 들어온다. 그 모습이 너무 예뻐 '주은아'하고 부르니 입꼬리가 살짝 올라간다. 어린이집 차를 탈 때도 엄마와 웃으면서 헤어졌다고 한다. 올해 입소한 세 살 주은이가 어린이집 생활에 적응해 가는 과정이 순조로워 내심 안심이다.

어제까지만 해도 엄마 손을 잡고 아장아장 걸어와 어린이집 차를 타면서 울었다고 했다. 아이들의 성장과정에서 나타나는 특성이 주은이도 예외는 아니었다. 어리광이 심한 주은이는 할머니 말이 나오면 주위를 두리번거리는 것이 할머니를 찾는 것 같았다.

눈이 유난히 큰 주은이는 잠시도 선생님과 떨어지지 않았다. 놀이도 소극적이고 선생님이 보이지 않으면 불안해했다. 주은이는 혼자 놀았다. 그 모습이 안타까워 며칠 전에는 강당에서 함께 보드카를 탔다. 재미가 있었는지 그 후 내가 강당에 가면 슬며시 옆으로 왔다.

노는 모습이 궁금해 교실 문틈으로 주은이를 보았다. 또래가 노는 모습을 보고 있던 주은이가 나와 눈이 마주치자 왕방울만 한 눈에 웃음을 가득 담는다. 그 모습이 예뻐 꼭 껴안아주니 작은 몸을 비빈다. 엄마의 정을 잠시나마 느낀 것 같다. 아이들은 정으로 자란다는 말이 실감난다.

오후 간식을 먹은 후 교실을 둘러보다 선생님한테 주은이 기분이 좋아 보인다고 했더니 오늘 처음으로 낮잠을 잤다고 한다. 얼굴에 생기가 돌고 행동도 더 활기차 보인다. 초롱초롱 빛나는 눈망울 속에 주은이의 건강이 담겨있다.

친구가 장난감을 내미니 주은이가 받는다. 주은이도 다른 장난감을 친구에게 준다. 친구와 주거니 받거니 하면서 블록을 쌓는다. 그 광경이 너무 좋아 시간 가는 줄도 모르고 본다. 아이들 세상은 푸른 세상이라는 말이 실감 난다.

주은이가 처음 엄마 아빠의 손을 잡고 우리 어린이집에 온 날 사방을 경계의 눈으로 바라보았다. 부모님 곁에서만 맴돌면서 장난감을 보고도 선뜻 다가가지 않았다. 부모님이 맞벌이 부부라 낮이면 할머니께서 주은이를 보살피는데 낮잠을 자지 않는다고 했다.

여느 아이보다 낯가림이 심했던 주은이가 이제 어린이집을 자기 집처럼 편안하게 느낀 것 같다. 또래와 어울려 노는 주은이 모습이 오늘은 대견해 보인다.

하원 시간이 되니 가방을 메고 나온다. 형들이 신발장으로 가니 따라가 제 신발을 가져 온다. 운동화가 잘못 놓였다고 하니 방향을 바꾼다. 어리광만 부릴 줄 알던 아이가 자기 물건도 챙길 줄 알고 잘못된 것은 고치기도 하면서 단체생활에 익숙해져 간다. 서툰 놀이 속에서 양보하고 배려하는 것도 배워가는 것처럼.

가방을 멘 채 야생화 앞에 앉아 꽃구경을 한다. 손으로 이 꽃 저 꽃을 만지고 쓰다듬는다.

"어디 보자. 누가 예쁜지 볼까. 주은이가 예쁠까? 금낭화가 예쁠까?" 하니 아이의 얼굴에 살랑 바람이 인다.

"주은이가 훨씬 예쁘네."

칭찬 한 마디에 주은이 표정이 환해진다. 웃으며 다가오는 아이의 해맑은 모습이 청보리 순 같다.

같은 아파트에 사는 운영이에게 다가가 "이 이." 한다. 운영이가 영문을 몰라 왜 그러느냐고 하니 나를 가리킨다. 내가 꽃보다 예쁘다고 한 것을 자랑하는 모양이다.

예쁜 행동은 칭찬으로 용기를 북돋아주고 바르지 못한 행동은 올곧게 자랄 수 있도록 격려하면서 내일의 꿈나무로 자랄 수 있도록 지켜보리라. 녀석이 태어나던 날 집안에 웃음보따리를 풀어 놓았던 것처럼 앞으로도 주은이로 인해 집안에서 웃음이 떠나지 않기를 바라본다.

온 종일 예쁜 짓만 한 주은이가 내일은 어떤 모습으로 다가올지 사뭇 기대가 된다.

벌레 친구

우리 어린이집 아이들은 곤충이 나타나면 흥미진진해진다. 보통의 아이들은 벌레가 있으면 피하는데 어린이집 아이들은 친구와 놀듯이 벌레를 가지고 논다. 오늘도 그랬다. 감자 캐기 생태체험을 하다 말고 "벌레다, 벌레야 벌레." 하고 별하가 외쳤다. 아이들이 별하를 에워쌌다. 서로 먼저 보려고 아우성인데 별하는 소중한 보물이라도 되는 양 움켜쥐었다. 성질 급한 휘돈이가 "별하야, 손 펴 봐. 어떻게 생겼는지 보자." 하는데도 별하 손은 더 오므라들었다.

아이들이 궁금해 못 참겠다는 표정이었다. 한동안 뜸을 들이던 별하가 손바닥을 펴는 순간 벌레는 돈구의 손으로 넘어갔다. 별하가 억울해 죽겠다는 듯 소리를 질렀다. 이쯤 되면 사태수습이 필요하다.

돈구가 잘못을 인정하고 사과를 했다. 벌레는 다시 별하 손으로 갔다.

벌레를 가운데 두고 아이들이 빙 둘러 앉았다. 탐색전이 시작되었다.

"우리가 무서운가 봐. 왜 가만히 있지."

"아니야. 우리가 보고 있으니 얼떨떨해서 그래."

"움직인다, 움직여. 발이 아주 작은데 여러 개다."

"참, 이상하다. 벌레는 왜 뒤로 갈 줄을 모르지."

"벌레도 귀가 있나 봐. 우리가 말을 크게 하면 가다가 멈춘다."

저마다 느낀 점을 말하는데 가윤이가 엉뚱한 제안을 했다.

"배가 어떻게 생겼는지 궁금하다. 한번 뒤집어 보자."

벌레가 하늘을 향해 누웠다.

"배는 왜 등 색깔하고 다르지."

"나는 이 벌레를 보고 기차가 생각났어."

"벌레도 수영을 하나 봐. 발 움직이는 것 좀 봐." 잔뜩 긴장을 한 벌레의 발이 허공을 휘젓는다.

아이들의 생각주머니가 열리면 상상의 나래가 펼쳐진다. 때로는 공중으로 솟아오르기도 하고, 엉뚱한 흥미를 부추기기도 한다. 오늘의 관찰 대상은 초가집에서 산 경험이 있는 사람에게는 친숙한 돈 벌레다. 길쭉한 모양새가 기차를 닮았다고 하는 아이가 있는데 나는 언제 보아도 징그러워 어쩌다 마주치면 피하기 바쁘다.

그런데 아이들은 다르다. 벌레를 보면 호기심이 발동하는 모양이다. 개중에는 나처럼 무서워하는 아이도 있지만 또래들과 어울리다 보면 금세 한 무리가 되어 놀라는 강도가 약해진다.

소연이가 호들갑을 떤다. 모두의 시선이 소연한테로 쏠린다. 애교덩어리 소연이는 아이들의 시선 집중이 좋은 모양이다. 얼른 벌레를 집어 얼굴에 대고 헤죽헤죽 웃으며 사진이라도 찍는 것처럼 포즈를 취한다.

벌레는 생명체인 우리와 함께 살아가는 존재다. 일주일에 하루씩 하는 생태체험은 흙을 만지고, 씨앗을 심고, 식물도 관찰하면서 아이들에게 생명의 소중함을 스스로 느끼게 하는 산체험이다. 고사리 손으로 심은 씨앗에서 움이 트면 아이들이 신기해서 보고 또 보며 궁금한 것을 물었다. 이런 생태체험이 반복되는 동안 식물이 커가는 과정을 지켜보면서 생각을 키우고 관찰력도 생겼다. 아이들이 벌레를 무서워하지 않는 것도 자주 접하다 보니 이제는 친숙한 친구 같은 존재가 되었기 때문이다. 처음에는 벌레가 나오면 놀라서 도망가던 아이들이 이제는 관찰의 대상이 되었다. 아니 친구가 되었다는 표현이 더 어울린다.

다음 생태체험 때는 어떤 벌레가 아이들의 호기심을 끌지 모른다. 하찮은 벌레도 아이들에게는 관심거리다. 어려서부터 만물의 근원인

흙에서 터득한 지혜가 아이들이 살아가는 동안 두고두고 자양분이 되리라 생각한다. 벌레 친구 또한 아이들 관찰력의 시발점임을 의심하지 않는다.

푸르게 자라는 생각나무

열매반 교실이 떠들썩하다. 왁자지껄한 교실로 들어가니 아이들의 표정이 사뭇 진지하다. 일주일의 방학이 끝나고 어린이집에 등원을 한 아이들이 저마다 그 동안의 일들을 풀어놓느라 법석이다.

수다쟁이 소영이는 이종사촌들과 물놀이 가서 고기 잡은 이야기가 거미줄처럼 이어지고. 새침떼기 가희는 언니와 함께 카드놀이한 이야기가 귀를 붙들어 맨다. 만년 막내인 영호는 형한테 배운 팔씨름을 자랑하고, 서울 나들이를 다녀온 슬기는 뭐가 급한지 거친 숨을 몰아쉬며 이야기를 늘어놓는다.

평소에 힘으로 친구들을 제압하던 다성이는 숙모 집에서 지낸 이야기를 혼자 떠든다. 방학이라도 매일 등원을 한 윤미는 어린이집에서

논 이야기를 서울 나들이 다녀온 슬기보다 입담 좋게 하며 친구들의 시선을 끌어 모으고, 형제가 없는 재기는 엄마 아빠와 함께 집에서 지낸 이야기를 한다.

아이들의 이야기를 듣고 있으니 신나고 재미있는 것이 많다. 그러나 그 이야기 속의 일 보다 아이들이 하는 말 이음이 기특하기 짝이 없다. 분명 방학 전에는 몰랐던 의젓함이 느껴지고, 눈에 띠게 자란 모습도 보인다. 그러나 무엇보다 자신감 있는 모습이 당당해 보이고, 이제는 혼자 화장실에 가서 뒤처리까지 한다니 더욱 믿음직스럽다.

초등학교 교사를 했던 친구의 말이 오늘 따라 새롭다. 그녀가 그랬다. 방학이 끝나고 아이들을 만나면 겁이 난다고. 신체뿐만 아니라 생각까지 훌쩍 커서 어른스레 행동을 하기 때문이라고 했다. '선생님, 나 이제 뭐든지 다 할 수 있어요.'하며 으스댈 때는 '그래 그동안 많이 컸구나.' 하고 맞장구를 쳐주면 가슴을 펴는데, 조금이라도 부정적으로 받아들이면 행동을 소극적으로 한다고.

어른은 물론 아이들에게도 체험보다 좋은 것은 없는 것 같다. 오늘 아이들의 이야기를 들으면서 '백문이 불여일견'이란 말이 괜히 생긴 것이 아님을 새삼 느꼈다. 영식이는 편식이 심했다. 점심시간만 되면 선생님과 실랑이를 했다. 그런데 이제는 반찬을 먹이려는 선생님과 밥만 먹으려는 영식이 사이의 줄다리기가 없어졌다. 그뿐만 아니라 평소 반찬에 파가 있으면 일일이 가려내고 먹던 슬기가 파를 골라 아작아작 씹어 먹는다. 아이들 앞에서 부리는 호기가 아니다. 방학 때 군대에서 휴가 온 삼촌이 가르쳐 주었기 때문이란다. 남자는 건강해야 하는데 반찬을 골고루 먹는 것도 좋지만 음식 속에 들어있는 재료나 양념도 골라내지 않고 먹어야 삼촌처럼 씩씩한 사람이 될 수 있다고 한다. 소매를 걷어 올리고 우리 삼촌 팔에는 이만한 알통이 있다며 두 손을 벌려 으스대며 친구들을 보여준다.

앞으로는 열매반의 점심시간이 단축될 것 같다. 밥 한 숟갈 입에 넣고 먼 산 쳐다보고 밥알을 씹던 영식이가 한 숟갈씩 떠서 꼭꼭 씹어 먹으니 말이다. 달리기를 하면 잘 넘어지던 슬기에게 이렇게 파를 잘 먹으니 앞으로는 달리기를 해도 넘어지지 않겠다고 했더니 삼촌도 그렇게 말했다고 한다. 옆에 앉아 있던 윤미가 슬기를 거든다. 언니도 반찬을 골고루 먹으면 달리기를 잘할 수 있다고 했다면서. 누구보다 이번 방학을 유익하게 보낸 사람은 슬기가 아닌가 싶다. 엄마가 파를 많이 먹으면 피부가 좋아진다고 했다면서 뽀얀 얼굴을 만진다. 전에는 매울 것 같아 파를 먹지 않았는데 먹어보니 맵지 않다며 반찬에 섞여있는 파를 골라 먹는다. 할머니를 도와 파 모종도 했다면서 체험을 이야기하는 아이의 똘망똘망한 눈망울에 건강한 모습이 가득 담겨 있다.

일주일의 방학 동안에 생각나무가 쑥쑥 자란 아이들. 이 아이들의 생각나무가 뿌리를 튼튼하게 내리고, 가지도 활짝 펼칠 수 있도록 보살피는 것이 나의 몫이 아닌가 싶다. 가을하늘의 푸름처럼 아이들의 생각나무가 쑥쑥 자랄 수 있도록 자양분을 충분히 주는 방법을 고민해 보아야겠다.

나영이의 세상나기

참 이상하다. 엄마는 우리 집도 아닌 모르는 사람들이 있는 방에 누워 있으면서 눈 길 한번 주지 않고, 외할머니는 말을 해도 대답이 없다. 못 들었나 싶어 다시 말을 해도 들은 척도 하지 않고 아기 이야기만 한다. 엄마 배가 홀쭉해졌는데 아기는 어디에 있는지 도무지 알 수가 없다.

목이 말라 물을 마시고 싶다고 해도 엄마는 꼼짝도 하지 않는다.

'아이고 내 새끼.' 하며 무엇이든 말만 하면 들어주던 외할머니는 참으라고만 한다. 과자나 아이스크림을 사달라는 것도 아닌데 물까지 주지 않으니 엉엉 울고 싶다.

오늘은 외할머니도 이상하다. 하룻밤 사이에 완전히 다른 사람이 되었다. 자고 일어나면 선풍기부터 틀던 외할머니는 나영이가 선풍기를 트니 얼른 꺼버리면서 엄마 때문에 안 된다고 한다. 하루에도 몇 번씩 선풍기 틀고 끄는 심부름을 시켰으면서 왜 그럴까.

더운데다 목까지 말라 칭얼대도 엄마는 달래줄 생각도 하지 않는다. 엄마 얼굴을 보고 싶어도 벽을 보고 누워있으니 볼 수 없다.

할머니는 나영이가 독차지하던 엄마 곁에 바싹 붙어앉아 일일이 참견을 한다. 언니가 되었으니 의젓해야 한다는 것이다. 이제부터는 잠도 혼자서 자야한단다. 나영이가 엄마 눈썹을 만지면서 잠자는 것을 뻔히 알면서 어떻게 그런 말을 하는지 모르겠다. 갑자기 이런 주문을 하는 이유가 아기 때문이란다. 모두가 아기만 예뻐하니 아기가 밉다.

옆집 친구 서현이 마음을 알 것 같다. 서현이는 할머니가 꽃이나 나무를 꺾어 주며 과자라고 먹으라는 통에 할머니가 싫다고 했다. 늘 같이 놀아주는 친구 같아서 부러웠는데 오늘 보니 우리 외할머니도 서현이 할머니와 다를 바 없다. 사람들이 나이에 비해 젊다고 하면 크게 웃으며 볼에 뽀뽀를 해댈 때는 몰랐는데 우리 외할머니도 정신이 오락가락 하는 모양이다. 그렇지 않고서 어떻게 이렇게 달라질 수가 있단 말인가.

졸리는 눈을 깜박거리며 나영이는 아빠를 기다린다. 아빠만은 어제처럼 예뻐하면서 볼에 뽀뽀도 해주고 무엇보다 잠을 잘 수 있게 해줄 것 같다. 가끔씩 아빠가 잠 재워준다고 할 때 뿌리친 것이 후회스럽다. 그때는 수염이 까칠거려 싫다고 했었는데.

외할머니가 엄마는 쉬어야 한다며 나영이를 억지로 떼어 업고 밖으로 나간다. 기운이 없어 가만히 등에 엎드려 있으니 잠든 줄 알고 침대에 눕힌다. 그리고는 목이 마르다며 외할머니가 밖으로 나간다. 나영이가 그렇게 먹고 싶다고 할 때는 참으라고 하더니 외할머니는 못 참는 모양이다. 그래도 외할머니가 나간 것이 얼마나 다행인지 모르겠다.

평소처럼 잠을 잘 수 있다는 생각으로 엄마 얼굴을 더듬거려 눈썹을 만진다. 엄마가 혼잣말로 귀찮아 죽겠다고 해도 못들은 척 눈썹을 만지고 있는데 검은 그림자가 가린다. 언제 왔는지 외할머니가 나영이를 쏘아보고 서 있다. 깜짝 놀라 손을 멈칫하는 순간 얼른 떼어낸다. 그래도 그때까지는 참을 수 있었다. 그런데 할머니가,

"여시 같은 년이." 하면서 엉덩이를 때리고 소리를 질러대자 기어이 울음을 터트리고 말았다.

엄마는 가만히 있는데 왜 외할머니가 나영이를 엄마와 떼어놓으려고 하는지 도무지 알 수가 없다. 그러면서 이제 동생도 보살펴야 한다니 엎친 데 덮친 격이다. 서현이 언니 할머니처럼 우리 외할머니도

정신이 깜박거리는 것일까. 그렇다면 서현이 엄마처럼 엄마도 외할머니를 멀리해야 하는데 엄마는 그냥 보고만 있다.

어른들이 하는 일은 알다가도 모르겠다. 더 이상한 것은 모두가 엄마만 챙기고 내가 간식 먹을 시간이 지나도 과자와 과일은커녕 물도 주지 않는다. 그러면서 전혀 새로운 것을 바라니 막막하다. 어제까지 우유병으로 먹던 우유를 빨대로 먹으라 하고, 기저귀도 채워주지 않고 오줌 마려우면 말을 하라고 한다. 내가 어리다고 부끄러움도 없는 줄 안다. 더 기가 막히는 것은 사람들이 보건말건 옷을 벗겨놓고 오줌을 누고 오라고 한다.

참 세상나기 어렵다. 철도 안든 아이에게 앞으로 또 무엇을 요구할지 모르겠다. 얼마나 더 사람들이 보는 앞에서 엉덩이를 맞아야 하는지 불안하고 막막하다. 나영이의 세상나기는 앞으로도 계속될 것 같다.

세 살배기 나영이는 오늘 하루가 짜증스럽고 길었다.

생각주머니

땀이 줄줄 흘러도 더운 줄을 모르겠다. 오로지 감자 캐는 재미에 푹 빠졌다. 기분 좋다는 말은 이럴 때가 제격이 아닌가 싶다. 감자줄기를 뽑으면 어른 주먹보다 큰 감자가 주렁주렁 달려 나온다. 손으로 땅을 헤집어도 감자가 툭툭 불거진다. 이런 재미로 고된 줄도 모르고 농작물을 키우나 보다.

신학기의 들뜬 기분을 잠재우기라도 하는 듯 꽃샘추위가 기승을 부리던 3월 초순에 어린이집 아이들과 함께 감자를 심었다. 그 씨감자는 여린 싹이 고개를 내밀었다 늦추위에 혼이 나기도 했고, 동네 개들의 오줌 세례도 받으며 몸집 불리기를 게을리하지 않았던 모양이다. 시도 때도 없이 들락거리며 아웅거리는 고양이 소리에 긴장을 하면서도 날이 가고 달이 바뀌는 것을 다 알고 있었나 보다. 그래서 오늘 수확의 기쁨이 이토록 푸지다.

“선생님, 선생님.” 소연이가 호들갑스럽게 부른다. 무슨 일인가 싶어 고개를 돌리니,

“선생님, 이것 좀 봐요. 감자가 민수 머리보다 커요.” 한다. 아이들이 우르르 몰려든다. 신기한 듯 고개를 갸웃거리다 만져본다. 힘이 센 휘돈이가 어느새 감자를 가로채 머리에 대 본다. 정말이지 우리 어린이집에서 제일 어린 지인이 머리만 하다. 감자가 어떻게 이렇게 클 수 있을까 하는 의구심마저 든다. 아이들이 감자가 맞느냐고 묻기까지 한다. 넉넉하게 거름을 하고 비료를 뿌리고 물도 주면서 정성을 쏟은 결과다. 언젠가 감자에 물을 주고 있는데 가윤이가 다가와 왜 물을 뿌리느냐고 물었다. 식물도 목이 마르면 잘 크지 않는다고 했는데 가윤이가 그 말이 생각났는지 한마디한다.

“물을 많이 먹어서 큰 거야.”

가뭄으로 감자 줄기가 생기를 잃어가다가도 물을 주면 이내 원기 왕성한 청년처럼 활기가 넘쳤다. 그 에너지가 모여 숫자를 늘리고 부피를 키웠을 것이다. 생태체험을 통해 아이들의 생각주머니가 쑥쑥 커지는 것처럼 말이다. 처음 생태체험을 할 때 지렁이가 나오면 아이들이 기겁을 하고 놀랬다. 그러던 아이들이 지금은 벌레가 기어가면

빙 둘러앉아 날개가 있는지, 다리는 몇 개인지, 꼬리는 어디에 붙어있는지 등을 살피면서 이야기를 나눈다. 무당벌레쯤은 손바닥에 올려놓고 기어가는 모습을 말로 한다. 사람은 뒤로도 가는데 벌레는 앞으로만 간다, 사람은 달리기도 하는데 무당벌레는 걸어만 간다, 벌레도 사람처럼 소리를 듣는지 우리가 무슨 말을 하면 걸음을 멈추고 듣고 있다며 신기해한다.

말도 안 되는 소리라고 아이들이 반론을 제기하니 가윤이가 내가 했던 말을 아이들한테 해준다.

“식물도 목이 마르면 잘 크지 않아. 그래서 원장 선생님이 물을 자주 주시는 거야.” 아이들의 시선이 내게로 모아진다. 가윤이 말이 맞느냐고 묻는 것이다.

“목이 마를 때 물을 먹고 나면 기분이 어떠니. 시원하면서 좋지?” 아이들이 고개를 끄덕거린다.

“바로 그거야. 감자도 목마를 때마다 물을 먹어서 이렇게 큰 거야.” 이번에는 비교를 잘하는 경송이가 나선다.

“우리가 맛있는 음식을 먹고 크는 것처럼 감자도 큰 거예요.” 제법 어른스런 질문을 하더니 덧붙이기까지 한다.

“석현이가 밥을 잘 먹지 않으니 키도 작지 않아.” 언제 생각을 했는지 설명도 그럴듯하다.

편식을 하는 아이들에게 경송이 말이 약이 되었으면 좋겠다. 감자 캐기 생태체험은 감자 수확보다 더 큰 수확을 아이들과 함께 해서 뿌듯하다. 오늘 점심식판은 모두들 깨끗하게 비워질 것이 분명하다. 석현이가 점심 먹는 모습이 상상이 된다. 오늘만큼은 선생님이 편식하지 말고 반찬 골고루 먹으라는 말을 하지 않아도 될 성싶다.

생태체험의 중요성을 다시금 느끼며 아이들이 더 많은 체험을 할 수 있도록 여건을 만들어 주고 싶다. 아이들이 집에 가면 부모님께 체험장에서 보고 들은 것을 재잘댈 것이다. 수확한 감자를 가족들과 함께 먹으면서는 또 어깨가 얼마나 으쓱할까? 사람은 대가를 바라고 앞뒤를 저울질 하며 가늠을 하지만 식물은 순수하게 받으면 받은 만큼 되돌려 준다. 기계의 힘을 빌리지 않고 고집스럽게 삽이나 괭이로 땅을 파서 체험장을 만들었다. 흙과의 교감을 통해 어려서부터 아이들의 생각주머니를 다양하게 키워주고 싶은 욕심 때문이었다. 생각주머니가 더 크게 열리도록 내가 해 줄 수 있는 일은 또 무엇이 있을까?

와, 영웅이다

초롱초롱한 눈망울로 아이들이 고맙다고 인사를 하고 또 하더니 "와, 영웅이다." 한다. 신기한 듯 바라보면서 내가 영웅이라는 것이다.

신호대기 중이었다. 건너편에서도 두 아이가 자전거에서 내려 신호를 기다렸다. 한 아이가 호주머니에서 무언가를 꺼내 펼치는 순간 때마침 인 바람이 낚아챘다. 돈일 것이라는 직감이 들었다. 아이가 쫓아갔지만 돈은 데굴데굴 구르더니 이내 멀어져갔다. 아이는 힘없이 돌아와 호주머니에서 또 돈을 꺼내 세었다. 그리고는 고개를 갸우뚱하는 품이 몹시 아쉬워하는 표정이었다.

순간 아이의 허탈함을 채워주고 싶었다. 우회전 신호를 넣었다. 내

차 뒤에 차가 없으니 다음 신호등이 바뀔 때까지 뒤 따라 오는 차가 없을 것이라는 계산도 했다. 비상등을 켰다. 짐작은 했지만 한참을 가도 바람에 날린 돈이 보이지 않았다. 소년의 표정이 어른거리는 찰라 데굴데굴 굴러가는 것이 눈에 띈다. 다행스럽게 아직도 뒤따라오는 차가 없다. 얼른 정차를 시키고 주우려고 손을 뻗었는데 저만큼 멀어진다. 3미터쯤 쫓아 가서 돈을 주웠다. 안도의 숨을 쉬며 다시 우회전 신호를 넣고 기다리는 30초 남짓한 시간이 참 길게도 느껴진다.

신호등이 바뀌자 마음이 더 급해지며 고민이 된다. 아이들이 어느 방향으로 갔는지 알 수가 없으니 말이다. 전방을 주시했다. 아이들이 보이지 않는다. 벌써 이렇게 멀리 가지는 않았을 것이란 생각에 방향지시등 신호를 넣었다. 차가 방향을 바꿔 진입해 가는데 아이들이 자전거를 끌고 가는 모습이 보인다. 이렇게 반가울 수가. 점멸등을 켜고 유리창을 내려 아이들 옆에서 차를 세운다. 눈을 말똥거리며 쳐다보는 아이에게

"이거 네 돈이니?"

아이는 믿기지 않는다는 듯한 표정을 지으며 어떻게 주웠느냐고 묻는다.

"응, 너는 조금만 쫓아가다 포기했잖아. 끝까지 갔어야지."

"아니에요. 나도 주우려고 했는데 바람이 금방 저 멀리 날려 버리고 차가 와서 포기했어요. 그런데 아줌마는 어떻게 알고 주웠어요?"

"나도 이쪽에서 너희처럼 신호대기 중이었어. 그래서 보았던 거야."

아이는 돈 한 번 쳐다보고 나 한 번 쳐다보면서 손에 쥐고도 믿지 못하겠다는 표정이다. 그러면서 나에게 영웅이라고 한다.

"다음에는 어느 경우든 포기하지 말고 끝까지 노력해 봐. 그래야 내 것이 되는 거야 알았지?"

그 아이를 통해 50년 전의 나를 보는 듯했다. 그날 나도 그랬다. 길을 가다 할아버지한테서 받은 세뱃돈을 떨어뜨렸는데 아무리 찾아도 없었다. 눈을 비벼가면서 주변에 돌이란 돌은 다 들추어 보았지만 동전은 어디에도 없었다. 울고 집으로 간 나에게 엄마가 동전 한 닢을 주었지만 서운함은 채울 수가 없었다.

그 허전함은 평생 나를 따라다녔다. 그래서 지금도 무슨 일이든지 포기하지 않는 끈기가 있는지도 모른다. 시간이 많이 흐른 뒤 내가 소극적이었다는 것을 깨달았다. 자갈길이었으니 동전이 돌에 부딪치면서 튀었을 것은 생각 못하고 떨어진 자리에서만 맴돌았으니 찾을 수 없었던 것이다. 어린 나이에도 그때 나는 그냥 돈 한 닢을 잃어버린 것이 아니라 내가 가지고 있는 모든 것을 잃어버린 것 같았다. 오늘 나를 영웅 대접해 준 그 아이만큼의 초등학교 3학년 때였다.

차가 뒤 따라오지 않았으니 망정이지 잠깐일지라도 갓길도 없는 도로에 정차를 하는 것은 위험하기 짝이 없는 일이다. 그래도 그 소년에게 희망을 주었다는 뿌듯함에 내 가슴이 마구 뛴다.

소년이 옆에 있는 친구에게 속삭였다.

"이제 할 수 있게 됐다."

무언가 계획이 있었던 모양이다. 그게 무엇이냐고 물으니 머리를 긁적이며,

"우리 할머니 다리 아픈 약 사 드리려고 모은 돈이에요." 하며 해맑게 웃는다.

하마터면 놓칠 뻔한 계획을 실행할 수 있어 나에게 영웅이라고 했을 것이다. 옆에 아이가,

"친구는 아이스크림도 먹을 줄 몰라요." 했다.

화제의 주인공과 그의 친구 말을 듣고 보니 그 아이의 효심孝心이 눈에 잡힌다. 얼마나 먹고 싶은 것을 참았을까?

내 생활에서 이런 일도 다 있을까? 그 아이가 이미 포기하고 말았던, 바람에 날려버린 지폐를 내가 찾아주겠다고 생각한 발상부터 나는 이미 현실적인 내가 아니었다. 내 안에서 몇 십 년간 잠자던 동심童心이 깨어난 것이다. 거룩하다고 표현해도 좋을 만큼의 순진무구한 동심童心, 바로 그것이다.

그날 그렇게 복잡한 교통로에서, 나는 나의 행선지와는 상관없이 승용차로 모험을 하고 있었다.

나는 그날 내 안에 있는 착한 동심을 보았다. 그렇게 해야 하겠다는 발상은 성인의 눈이나 생각으론 도저히 불가능한 현실적인 어려움이다. 순수한 동심이 잠시 긴 잠에서 깨어났던 것일까? 아, 이리 반갑고 통쾌한 일이 어디 또 있을까? 그 아이는 잃어버린 돈을 찾았고 나는 잃어버린 동심을 찾았고

봄이 오는 소리

"선생님, 뭐 하세요."

"글쎄, 무슨 소리가 들리는 것 같은데 알아들을 수가 없구나."

내 옆에 쭈그리고 앉아 귀를 쫑긋 세우던 혜윤이가 일어서며 "선생님, 아무 소리도 안 들려요. 우리 술래잡기 놀이해요."하면서 달아난다. 미끄럼틀을 타던 아이들까지 합세하여 '나도요, 나도요.' 한다. 졸지에 술래가 된 나는 어느 아이를 잡을까 잠시 고민을 한다. 이리저리 주위를 살펴보며 오른쪽의 흔들놀이말을 돌고, 왼쪽의 미끄럼틀도 돌며 아이들의 재미를 끌어올린다. 이럴 때는 행동이 굼뜬 아이보다 날쌘 아이를 잡아야 더 흥이 난다. 아이들은 서로 잡히지 않으려고 다람쥐마냥 움직이면서 그 모습들이 우스운지 까륵거린다. 평소

느림보였던 민수는 내가 다가가자 운동회 날 달리기 선수처럼 뛴다. 민수를 쫓아가다 정빈이에게로 몸을 돌린다. 안전지대에 든 양 한눈 팔고 있던 정빈이를 그냥 두고 얼른 행동이 빠른 석현이를 두 손으로 잡는다.

술래가 된 석현이는 씩씩거리지도 않고 곧바로 운지 옷자락을 잡는다. 운지가 뛴다. 갑자기 나타난 솔개를 보고 닭들이 도망가듯 아이들이 미끄럼틀 속으로 우르르 숨는다. 얼른 아이들을 불러 낼 방법을 찾다

"아야야 아파. 아야 아파."

아픈 흉내를 내니 아이들이 하나 둘 나온다.

"선생님, 어디가 아파요?"

"응. 내가 아픈 것이 아니고 잔디가 아프다고 하네."

"근데 왜 선생님이 아프다고 했어요."

"잔디가 말을 못하니까. 대신 해 달라는데." 했더니 아이들이 고개를 갸우뚱거린다. 슬며시 발을 들며,

"잔디야, 많이 아파?" 하니 정 많은 영일이가 파릇파릇 돋아나기 시작한 잔디를 쓰다듬으며

"세게 밟아서 미안해. 앞으로는 뛰지 않고 그냥 걷기만 할 거야." 한다. 키가 큰 영주는 잔디에게,

"그러니까 너도 밥 많이 먹고 빨리빨리 크면 되잖아." 한다.

"그래, 선생님은 뾰족한 신발 대신 가벼운 운동화를 신고 놀 거야 그래야 덜 아 프지." 하며 얼른 신발을 바꿔어 신는다.

아이들에게 봄이 오는 소리를 듣고 싶으냐고 묻는다. 아이들이 호기심 가득한 눈으로 대답을 한다.

꽃밭으로 간다. 아이들이 주르르 따라온다. 이제 막 땅을 헤집고 올라오는 새순을 가리키며,

"아하, 여기에 봄이 있다. 그래서 봄이 오는 소리가 들렸구나." 하니 아이들이 손뼉을 치며 봄이 왔다고 한다. 어떻게 봄이 온 것을 아느냐고 물으니 꽃대가 쑥 올라온 앵초를 가리킨다. 귀를 땅에 대고 무슨 소리가 들리는지 들어보자고 하니 모두들 엎드린다.

아이들의 표정이 각양각색이다. 호기심 가득한 눈으로 궁금해 못 참겠다는 표정이 있는가 하면, 눈을 깜박거리며 진지하게 듣는 아이도 있다. 아무 소리도 들리지 않는데 무슨 소리를 들으라는 것이냐며 작은 눈을 부릅뜨기도 한다. 아이들에게 어떤 소리를 들었느냐고 묻는다. 모두가 말없이 고개를 흔드는데 가윤이가 새싹 소리를 들었다고 한다. 가윤이가 가리키는 손끝에 강남제비꽃이 앙증맞게 피어 있다. 가윤이는 꽃한테서 봄이 오는 소리를 들은 모양이다. 맏형 정빈이가 큰소리로 말을 한다.

"선생님, 저도 들었어요. 아침에 등원할 때는 보일까 말까 했는데 지금은 새싹이 쑥 올라왔어요. 이것이 봄이 오는 소리잖아요."

아이들이 정빈이가 가리키는 목단 옆으로 몰려든다. 튼실한 싹이 볼그레 얼굴을 내밀고 있다. 봄이 오는 소리는 듣기도 하지만 눈으로 보기도 한다니 아이들은 알 수 없다는 표정이다.

어린이집의 아이들에게 봄이 오는 소리가 들릴 리 없다. 그렇지만 나는 돋아나는 새싹을 보면서 봄이 오는 것을 느끼게 해주고 싶다. 어느 틈에 보았는지 수선화 꽃망울을 가리키며 여기서도 봄이 오는 소리가 들린다고 한다.

새싹의 움 트는 소리 못지않은 봄이 오는 소리가 있다. 다름 아닌 아이들의 해맑은 웃음소리다. 꽃대가 쑥쑥 올라오듯 아이들이 무럭무럭 자라는 것도 봄이 오는 소리다. 그 소리들은 미래의 기둥이며 모두의 희망이기도 하다. 아이들의 웃음소리와 함께 내 가슴에서도 여린 새싹이 무럭무럭 자라는 것 같다.

봄이 가득 채워진 내 마음은 봄바람을 타고 봄이 오는 소리를 들으러 간다.

모전여전

오랜만에 집에 온 딸아이가 "엄마, 화장실에 물 가득 받아 놓았어요." 한다. 언제부터였는지 내가 친정어머니를 닮아가듯 딸도 나를 닮아간다.

친정집 주방 한쪽에는 언제나 물이 한 통 가득 담겨 있었다. 친정동네는 저장소를 만들어 간이 상수도 물을 식수로 사용했다. 가구 수는 많은데 저장 공간은 한정되어 있어서 물로 인한 주민들의 불편이 많았다. 친정집의 다용도실에는 물이 그런대로 나오는데 주방은 어린아이 소변 줄기처럼 나왔다. 집안에 행사가 있는 날은 나르는 불편함을 감수하면서 다용도실에서 설거지를 했다. 그나마도 주방에 물이 나오면 다행이었다. 어머니는 물이 나오지 않을 것에 대비하여 늘 물통 가득 물을 받아두셨던 것이다.

우리 집에서는 수년간 지하수를 식수로 먹었다. 지하 50m 아래 돌틈에서 끌어올린 지하수는 여름이면 시원하고 겨울에는 따뜻하여 빨래를 해도 손이 시리지 않았다. 그런 지하수가 일 년에 몇 번은 나오지 않아 꼭 애를 먹였다. 김장철과 구정 무렵이면 어김없이 외지에서 물을 받아와야 했다. 물을 많이 사용하는 일은 그 시기를 피하여 하여도 연례행사처럼 고통이 끊이지 않았다. 아이들 목욕을 시키다 물이 나오지 않아 홍역을 치른 후부터 나도 어머니처럼 물을 받아두는 습관이 생겼다.

아들의 결혼을 앞두고 집을 증축하면서 수돗물을 신청하여 물 부족으로 인한 고통에서 벗어나는가 했다. 그런데 가끔씩 물을 사용하지도 않는데 모터나 수도계량기가 돌아갔다. 어딘가에서 물이 새고 있다는 신호였다. 수도계량기가 돌아가면 주방으로 연결된 수도관을 살피고, 모터가 돌아가면 화장실과 밖에서 사용하는 수도관을 살피면서 새는 곳을 찾아내어 보수를 했다.

늘 집에 있을 때는 모터나 수도계량기 돌아가는 소리를 수시로 확인할 수 있었다. 그런데 직장에 근무하면서부터 물이 새도 눈에 띄게 변화가 나타난 다음에야 알 수 있었다.

한 달 전쯤 늦은 시간이었다. 집 주변이 하도 소란스러워 둘러보던 중 모터 돌아가는 소리를 들었다. 어두워 자세하게 살펴볼 수가 없어 집에 있는 물통을 화장실 바닥에 늘어놓고 물을 받은 다음 모터 스위치를 내리고 전기장판으로 난방을 했다. 화장실 물통의 물은 3일 정도 쓸 수 있고, 식구가 밤에만 집에서 생활을 하니 크게 불편하지 않았다.

친정 동네에 수돗물이 들어오고부터 물로 인한 고통이 없어졌다. 그런데도 어머니는 여전히 물통 가득 물을 받아 두셨다. 이제 물 걱정 없는데 왜 물을 받아놓느냐고 하면 언제 무슨 일이 있을지 모르니 물이 항상 가까이 있어야 한다고 하면서 그렇게 하는 것이 편하다고 하셨다. 곰곰이 생각해보니 내가 어릴 때부터 부뚜막 가까운 곳에 늘 물통 가득 물이 담겨 있었다. 어머니는 늘 화재를 염두에 두고 대비를 하셨던 것이다. 나 또한 수도관을 보수해도 여전히 화장실에 물통 가득 물을 받아 놓고 쓴다. 나도 어머니가 하시는 방법이 몸에 익숙해졌다.

언젠가 딸이 나에게 왜 물을 받아두고 쓰느냐고 물어서 안 나올 때를 대비하고, 물도 전기세도 절약할 수 있다고 했다. 그때부터 딸은 집에만 오면 물통 가득 물을 받아 두곤 한다. 닮아간다는 것은 많은 시간을 두고 몸에 배인 습관에서 이루어지는 것이 아닌가 싶다. 어머니는 우리 형제들이 어려서부터 유비무한의 정신을 가르쳐 주셨다. 금전으로 셈할 수 없는 값진 유산이다. 이렇게 큰 유산을 받았으면서 나는 어머니께 해드린 것이 없다 생각하니 황량한 바람이 가슴 한 복판에서 분다. 한 가지 위안이 있다면 어머니로부터 받은 유산을 딸에게도 물려주었다 생각하니 가슴에서 여린 새싹이 돋는 것 같다.

더 많은 여러 종류의 튼실한 싹이 내 가슴에서도 딸의 가슴에서도 돋아날 수 있도록 어떤 것을 더 물려 줄 것인지 곰곰이 생각해 본다. 일부러 무엇을 물려주려고 노력하기 보다는 생활하면서 주변에서 느낄 수 있는 것이면 더 좋을 것 같다. 그래서 딸의 마음에 늘 파릇파릇한 새싹이 돋았으면 한다. 아울러 오그라든 어머니의 가슴에서도 새싹 하나 돋았으면 하는 바람이다.

아이들은 인생의 표본

내가 근무하는 어린이집 풍경이다.

선웅이가 갑자기 달려들어 품에 안긴다. 날이 어둑해지니 제 엄마 생각이 나는 모양이다. 선웅이를 꼬옥 안아준다. 곁에 있던 태영이는 특유의 코맹맹이 소리를 내며 어리광을 부린다. 누나 다미가 태영이를 나무라니 입을 삐죽거리며 울 태세다. 다미는 동생 태영이의 어리광이 못마땅한 모양이다.

어스름이 들면 나는 눈높이를 더 자주 바꾼다. 엄마를 그리워하는 아이는 안아 주고, 장난할 동무가 필요한 아이에게는 친구가 되어준다. 귀염둥이 선도가 "아줌마, 아줌마!" 하며 장난을 친다. 나도 네 살배기 아이처럼 선도에게

"오빠야, 오빠야!" 하며 혀 짧은 소리를 낸다. 맏누나처럼 동생들을 잘 챙기는 희선이의 기분이 안 좋아 보인다. 저희들끼리 놀면서 밀고 당긴 것에 대한 미안함이 남아 있는 모양이다. 희선이의 뿔 난 기분이 오래가지 않는다는 것을 알면서도 그냥 두고 볼 수가 없다. 이럴 때 나는 중재자가 된다. 색종이를 가지고 다가가 "언니야, 비행기 하나 만들어주면 안 돼?" 하며 내미니 배시시 웃는다. 그 모습이 깊은 산속 계곡물처럼 맑다.

아이들의 생각은 단순하기 짝이 없다. 컵에 담긴 물같이 상황에 따라 변하기도 한다. 화가 나 있다가도 웃기면 웃고, 별것도 아닌 것에 토라져 구석자리를 지키기도 하지만 화해도 잘 한다. 송이와 민중이가 장난감 하나를 사이에 두고 다툼이 생긴다. 송이가 가지고 노는 장난감을 민중이가 차지하고 싶어 생긴 다툼이다. 그러다 두 아이는 눈망울이 다시 초롱초롱해지며 서로 어깨를 껴안고 미안하다고 한다. 아이들은 어른들처럼 가식 같은 것은 부릴 줄 모른다. 좋으면 까르르 웃고 싫으면 토라질 뿐이다.

영민이가 귤을 먹는다. 하나도 채 먹지 못하고 배가 부르다며 안 먹겠다고 한다. 나는 배가 불러도 먹는데, 이것이 나와 영민이의 차이점이다. 장난감 하나 가지고 놀면서도 만족해하는 아이한테서 행복의 잣대를 본다.

아이들의 눈은 단순한 것 같지만 정확하다. 나도 아이들 같은 눈을 가졌으면 좋겠다. 하지만 그런 눈은 가지고 싶다고 가져지는 것이 아니다. 욕심을 버리고 마음의 눈높이를 한정 없이 낮추어 고정을 시켜야 한다. 그런데도 욕심이 버려지지 않는다. 입으로는 아니라고 떠들면서 마음은 더 욕심을 채우려고 한다. 내가 그렇게도 싫어하던 이중성을 내가 가지고 있다. 그런 사람들을 얼마나 싫어했던가. 나 자신부터 다스려야 하는 깨달음을 아이들에게서 배운다.

아이들을 닮고 싶다. 종잇조각 하나로 다투다가도 금방 친해져 노는 풀잎 같은 순수함이 좋다. 아이들은 이익을 따지지 않는다. 마음이 끌리면 그냥 좋아한다. 나도 그러고 싶다. 욕심 부리지 않고 즐기면서 더불어 살고 싶은데 가끔은 과욕이 온통 나를 지배한다. 아이들이 크는 것은 욕심이 없기 때문이라고 했던가. 곧은 마음 하나로 족한 삶이었으면 한다.

아이들이 노는 모습을 보면서 가끔 이런 생각을 한다. '아이가 어른의 거울'이라고. 흔히들 '어른은 아이의 거울'이라고 하지만, 그 어른들이 아이들보다 순수하지 못한 말과 행동을 할 때가 있다. 오늘도 아이들을 지켜보면서 많은 것을 느낀다.

아이들의 눈높이에 나를 맞추고, 아이들의 마음 높이만큼 나의 마음높이도 고정시키자고.

임산부 등에 업혀

딸이 운전하던 차에서 내리며 실랑이를 했다. 딸은 업히라 하고 나는 걸어가겠다면서. 임산부인 딸이 한사코 등을 들이밀었다. 성화에 못 이겨 업히기는 했는데 주차장에서 병원까지는 거리가 상당하다. 노트북과 가방을 들고 나까지 두 사람을 업고 딸은 평상시 걸음으로 걸었다. 병원 엘리베이터 앞에 이르러서 내려 달라고 하니 번거로우니 가만히 있으라고 했다. 배는 남산만 한데 나를 업었으니 앞뒤가 한 짐씩인 데도 힘든 속내를 감추었다.

내가 딸아이를 업고 달려가던 때가 생각났다. 과수원 일을 하는데 자지러지게 우는 소리가 들렸다. 놀라 달려갔더니 딸아이의 이마에서 피가 계속 흘렀다. 겁이 나고 당황도 되었다. 지혈까지 되지 않아 수건으로 딸아이 이마를 동여매어 업고 달렸다. 아들녀석들도 울며 뒤를 따랐다. 삼남매가 저희끼리 마당에서 놀다 토방 모서리에 부딪혔다고 했다. 안절부절못하는 나를 보고 택시기사가 큰 상처는 아닐 것이라며 위로를 했다. 의사가 피범벅이 된 수건을 걷어내고 소독을 하는데 상처부위가 상당히 컸다. 치료를 마치고 딸아이를 업고 오는데 눈물이 쏟아졌다. 과수원 일을 하느라 아이들을 돌보지 않아서 생긴 사고였기 때문이다. 성년이 된 지금도 딸아이의 이마에 그때의 상처 자국이 훈장처럼 남아 있다. 다행히 안경을 끼면 테에 가려져 보이지 않지만 미안함이 늘 가슴 한 자리를 차지했다.

철이 든 이후 딸은 나의 후원자며 지지자였고, 친구면서 상담자였다. 시키지 않아도 집안일은 예사로 도왔고, 수확 철이면 늦도록 일손도 보탰다. 객지에서 대학교를 다닐 때도 고양이 손이라도 빌리고 싶은 수확기가 되면 야간열차를 타고 와서 천부당만부당하게 거들었다. 이런 부지런함도 좋았지만 내가 딸을 더 신뢰하는 것은 곱디고운 마음씀이다.

딸아이가 중학교에서 수학여행을 갈 때였다. 생글거리는 얼굴로 책상 위에 놓인 돼지저금통을 내 앞으로 내밀며 그 속에 든 돈을 마음대로 써도 되느냐고 물었다. 용돈을 꼬박꼬박 모은 돈이라 흔쾌히 승낙을 했더니 펄쩍펄쩍 뛰며 좋아했다. 그 돈의 쓰임을 알게 된 것은 일

년쯤 후였다. 시장에서 웬 아주머니가 딸의 이름을 말하며 엄마 아니냐고 물었다. 그 아주머니의 말에 의하면 내가 당신의 딸 수학여행비며 약간의 용돈까지 주었다고 딸이 말 했단다. 비닐하우스를 하다 남편이 고혈압으로 쓰러져 수학여행 보낼 처지가 아니었다며 고맙다는 인사를 하고 또 했다. 딸아이는 친구에게 부담을 주지 않으려고 내가 도와준 것으로 말을 한 모양이었다.

힘을 비축해 두어야 수술을 해도 덜 지친다면서 딸은 내 곁을 지켰다. 수건에 물을 적셔 와서 얼굴이며 손을 닦아주고 나가더니 한참만에 김이 모락모락 나는 봉지를 들고 왔다. 오늘 같이 흐린 날은 호떡이 맛있다면서 두 정거장을 걸어가서 사 왔다고 했다. 몇 해 전에도 그랬다. 고구마를 캐는데 어두컴컴해지면서 바람이 몹시 세게 불었다. 비가 온다는 일기예보가 있었기에 추워도 한눈팔 겨를이 없었다. 검둥이가 꼬리를 살래살래 흔들며 내 앞에서 굴렀다. 가족이 온다는 신호였지만 고구마를 다 캐야 한다는 마음에 호미질을 부지런히 하는데 "엄마, 우리 이것 먹고 같이 해요." 하면서 딸이 주머니에서 봉투를 내밀었다. 호떡이었다. 기온이 영하로 떨어질 것이라는 일기예보가 있었기에 배고픔을 참고 있던 중이라 어느 일류요리 못지않게 맛있었다.

친구들이 주말에 연극 보러 가자고 했지만 집 가을걷이가 걱정되어

왔었다는 딸. 한창 친구들 하고 어울려 다니며 놀고 싶을 때에도 늘 집안 사정을 헤아렸던 내 딸. 일하다 외출하려면 있는 것도 챙기지 못한다면서 계절 따라 옷이며 신발을 챙겨 주었고, 문학모임이라도 있을라치면 평소에 부지런히 했으니 여행 삼아 다녀오라고 지지도 해 주었다.

언젠가 딸을 낳을 때 허리에 진통이 심해 고생했다는 말을 했는데 그 말이 가끔씩 생각났다면서 내 손을 꼭 잡고 "집안일도 많은데 늘 어려운 이웃을 돕는 엄마가 자랑스러웠어요. 힘든 일이 있을 때마다 엄마를 생각하면 힘이 났어요. 입원해 있는 동안 제가 엄마의 다리가 되어 드릴게요." 하면서 허리를 껴안았다.

무엇을 더 바라랴. 주변의 아픈 사람을 외면하지 않고 나처럼 가까이 다가가겠다는데. '자식 낳아 길러보면 부모 속 안다.'는데 아직 아기를 낳지 않았는데도 내 마음을 다 알고 있는데. 엄지발가락 밑에 뼈가 튀어나오고 아파 수술을 하기 위해 입원을 했는데, 휴가 받았다 생각하고 푹 쉬라고 하면서 가고 싶은 곳이 있으면 언제든 말하라고 한다. 업고 어디든 가겠다고.

입원하러 올 때 두 사람을 업고 온 딸, 딸은 등에 업힌 나도 건강하고, 뱃속의 아이도 건강하길 늘 바랄 것이다. 어쩌면 이런 염려가 내 딸이 평생 업고 살아가야 할 현실이 아닐지.

3.

≪1초도 쪼개는 여자≫를 읽고
선배님의 전화
속없는 여자
컵 비빔밥
맏언니
누구를 위한 개발인가
청말아, 달려오렴
등 책상
자유 여행
봄은 왔는데

≪1초도 쪼개는 여자≫를 읽고

지난해, 한국웃음교육원에서 주관하는 웃음치료, 웃음스팟 전문가 과정을 공부하면서 많은 경험을 했다. ≪1초도 쪼개는 여자≫를 구입하게 된 것은 기아대책과 힐스테이트(현대건설), 한국웃음연구소가 함께하는 대한민국 행복나눔축제인 도전&펀 페스티벌에 참가하여 지구촌 굶주린 이웃들을 돕는 데 동참하는 의미에서였다.

행사장에는 많은 물건이며 책들이 진열되어 있었다. 그런데 ≪1초도 쪼개는 여자≫가 눈에 확 들어왔다. 그것은 아마도 바쁜 나의 일상생활을 위로받고 싶은 마음도 있었지만 고등학교 선배면서 나와 같은 로타리클럽의 회원인 작가의 삶이 궁금해서였을 것이다.

저자는 순천에서 태어나 여고를 졸업하고 제일제당에서 사회생활을 시작했다. 결혼과 동시에 평범한 가정주부였던 작가는 남편의 사업부도로 일을 가질 수밖에 없었다. 처음 그녀는 책을 세일즈했다. 그러다 삼성생명으로 옮겼는데 처음 열흘 동안은 엄두가 나지 않아 자리만 지키고 앉아 있었다. 그때부터 주위 사람들의 눈치가 보여 연고자들을 찾아다녔지만 결실을 맺지 못하고 출근한 지 보름 만에야 첫 계약이 이루어졌다. 얼마나 좋았던지 보물지도에서 보물을 찾기 위해 첫 발을 디딘 것 같아 함성이 터져 나오려고 했단다. 닭이 울지 않아도 새벽은 기어이 온다고 했던가. 그녀에게 새벽의 의미를 일깨워 준 것은 바로 그 첫 계약이었다.

작가는 플라톤이 "나와의 싸움에서 이기지 못하면 절대 세상을 이길 수 없다."라고 한 것을 가슴에 새기며 고객의 성향을 분류했다. 다각적인 대응 태도로 고객의 마음을 움직이는 기술도 개발했다. 팽이가 오래도록 죽지 않고 돌아가게 하려면 채찍질이 필요하듯 상황대처 능력과 사람을 설득하는 기술이야말로 보험 세일즈맨들을 지치지 않고 뛰게 만드는 에너지 탱크의 역할을 한다는 것을 안 것이다.

"일찍 일어나는 새가 모이를 많이 줍는다."고 했듯이 부지런히 움직이고 애를 쓰다보니 결과는 항상 그녀 곁에 나타났다. 발에 물집이 생기도록 뛰어다니며 끝없이 연구하는 자세로 친절, 성실, 상담, 서비스를 통해 자신을 갈고 닦았다. 큰 강을 이루는 최초의 물줄기는 알고 보면 작은 옹달샘에서 출발한다. 그것이 험한 계곡과 산비탈을 지나오면서 강의 역사를 쌓아 오듯이 기가 펄펄 사는 영업, 자신에 찬 발걸음, 그것은 아마도 계곡 아래로 힘차게 곤두박질치는 물살의 포효와도 같은 것이었다.

사람에게 다섯 가지 기가 있다. 총기(눈), 열기(마음), 화기(얼굴), 향기(몸), 윤기(생활)가 그것인데 작가에게는 온기가 한 가지가 더 있어 따뜻한 마음과 온유한 자세로 대인관계를 성공적으로 이끌었다. 이런 것들이 세계백만불원탁회의에 밑거름이 되었음은 두말 할 나위도 없다. 이는 끝없는 노력과 자기개발 없이는 불가능한 도전이다.

흔히들 '꿈의 21세기'라고 한다. 그러나 꿈의 21세기가 될지 비통의 21세기가 될 지는 각자의 삶의 질에 따라 판가름 난다. 화려한 구호는 우리에게 무조건 꿈을 가져다주지 않는다. 그래서 '미래는 준비하는 자의 몫'이라고 하지 않던가. '1초도 쪼개는 여자'는 어떻게 하면 '꿈의 21세기'가 되는지를 확실하게 알고 느끼게 해 준 답안지 같은 책이었다.

자기만을 위하는 일은 계속할 수 없으며 많이 거두어들일 수가 없다. 왜냐하면 양보가 없고 투쟁만이 존재하기 때문이다. 하지만 남을 돕는 일은 계속할 수 있으며 많은 것을 거두어들일 수가 있다. 거기에는 경쟁자가 없으며 배려가 있기 때문이다. 즉 많이 봉사할 수 있는 사람은 많이 거두어들일 수가 있다는 것이다.

관점을 바꾸면 새로운 세계는 열리게 되어 있다. '기회의 여신은 꼬리만 보이지 머리는 안 보인다'는 명언도 있듯이 일단 목표를 정하면 정면 돌파로 승부를 이끌어 내는 것이 중요하다는 것을 ≪1초도 쪼개는 여자≫를 통해 다시 한 번 절감했다.

"여행자의 발길을 멈추게 하는 것은 저기 저 높은 산이 아니라 자기 발속에 들어간 모래 때문"이라고 했다. 문제는 항상 자기 자신 속에 있고 요는 그것을 얼마나 잘 활용하는가에 달려 있다.

작가가 고액 계약을 쉼 없이 올릴 수 있었던 또 하나의 비결은 영업에서의 주도권 장악이었다. 보험에 관한 한 그녀는 전문가였다. '만약' '혹시'라는 말은 우리가 죽을 때까지 달고 다녀야 하는 의문 부호이다. 그녀는 생각을 긍정적으로 하고 자신감을 가지고 일을 추진했다.

내가 소유하면 다른 사람은 가질 수 없는 것은 하급 가치고, 내가 나누어 주면 다른 사람이 가지게 되는 것은 고급 가치다. 작가는 책머리에 "운명보다 강한 것이 있다면 그것은 동요하지 않고 운명을 짊어지는 용기"라는 말을 인용했다. 자신에게 주어진 생을 온전히 자신의 것으로 받아들여 어떠한 경우에도 그 책임에서 멀어지지 않기 위해 사력을 다해 뛰고 또 뛴다는 것이다. 선배이자 같은 로타리안으로 내가 작가를 더 존경하는 것은 밝히기 꺼려지는 이야기, 즉 실수를 했거나 잘못한 이야기들도 떳떳하게 밝힌 점이다.

현대의 신화를 이룬 고 정주영 님의 ≪시련은 있어도 실패는 없다≫나 김우중 님의 ≪세계는 넓고 할 일은 많다≫는 CEO의 경영 능력과 도전의식을 배울 수 있는 책이었다면 '1초도 쪼개는 여자'는 소시민으로도 당당하게 꿈을 이루며 사는 법과 인내하는 것을 배우게 해주었다. 보험 아줌마라고 문전박대를 수없이 당하면서도 좌절하지 않고 끈기 있게 대처한 작가에게 박수를 보낸다.

바쁘다고, 우선 급한 일이 있다는 이유로 미루어 둔 일들을 오늘부터 하나씩 정리해 나가야겠다. ≪1초도 쪼개는 여자≫의 작가처럼 최선을 다해 하루하루의 삶을 살고 싶다. 후회 없는 삶이 되기 위해. 나의 자아실현을 위해.

선배님의 전화

전화가 왔습니다. 동인지 책을 받고 반가워 단숨에 읽고는 전화를 했다고 합니다. 어머니 안부를 묻더니 그래도 어머니가 계시니 얼마나 행복하냐는 것이었습니다. 초등학교 교장 선생님으로 정년퇴직한 그분은 연세가 일흔이 넘었는데도 저에게 꼬박꼬박 존댓말을 합니다.

손 한 번 잡아 보고 싶어도 어머니가 안 계시니 그리움뿐이라고 하시는 순간 가슴이 뭉클했습니다.

올봄에 뇌졸중을 앓으신 이후 거동이 불편해진 저의 어머니는 일일이 챙겨드려야 합니다. 팔십 평생 사용하시던 오른손을 두고 왼손으로 숟가락질도 합니다. 어디 그뿐인가요. 날씨가 추워지니 다리가 남의 다리 같다고도 했습니다. 그러면 저는,

'그럴 줄 모르고 퇴원하자고 그렇게 졸랐는가.' 하며 어머니를 원망했습니다. 서둘러 퇴근을 하고 어머니를 뵈러 갈 때는 혼자 투덜대며 귀찮아한 적도 있었습니다.

그런데 요즈음 투덜대거나 불평을 할 수가 없습니다. 어머니가 친정집에 안 계시니 친정 동네 근방을 가도 닭 지붕 쳐다보듯 들르지 않고 그냥 옵니다.

필리핀에 사는 동생이 다니러 와서는 어머니를 모시고 갔습니다. 따뜻한 지방에 가서 겨울을 나자는 것이었습니다. 어머니가 친정집에 안계시니 며칠 동안은 마음의 짐을 내려놓은 듯한 기분이었습니다. 그런데 날이 갈수록 어머니 생각이 나면서 손에 쥐고 있던 것을 놓친 기분입니다. 동생이 소식을 자주 전해주고, 건강도 많이 호전되었다고 하는 데도 왠지 모르게 가슴 한쪽이 빈 것 같습니다.

하루에도 몇 번씩 "있을 때 잘 해, 그러니까 잘 해"란 노랫말을 되뇌입니다. 동생이 어머니를 모시고 간 것이 3주 남짓 되었는데 십 년도 넘은 것 같습니다. 내년 봄에 날씨가 따뜻해지면 어머니가 오실 텐데도 까마득히 몇 해가 남은 것처럼 느껴집니다.

오늘은 친정 동네에 살았던 옥동댁이 떠올랐습니다. 옥동댁은 6 · 25 때 행방불명된 남편을 50년이나 기다리다 끝내는 고인이 되었습니다. 동네 사람들이 옥동댁은 '가슴애피'가 있다고 했습니다. 한 달이 채

안 된 날들도 이렇게 멀리 느껴지는데, 50년을 기다렸으니 가슴만 아픈 것이 천만다행이라 여겨집니다. 비가 오나 눈이 오나 한길을 눈이 시리도록 바라보며 한숨짓던 모습이 생생하게 떠오르고 코끝도 찡해집니다.

오늘도 친정집에 계실 때보다 불편한 점 없이 잘 계신다는 어머니의 목소리를 들었는데도 어머니 생각이 나는데, 옥동댁의 심정을 어찌 다 헤아리겠습니까? 생사조차 알 수 없는 남편을 기다리면서 혼자 눈물지었을 그분의 가슴에 맺힌 한을 차마 말하기조차도 미안할 따름입니다.

어머니가 건강하실 때는 잘 몰랐는데 기본생활도 누군가의 손을 빌려야 할 수 있는 처지가 되니 안타까움이 이만저만이 아닙니다. 우선 먹는 것부터 당신 스스로 자제를 하는 모습을 보면서 느끼는 바가 컸습니다.

'건강은 건강할 때 지켜야 한다.'는 어른들의 말씀을 수없이 들었는데 주위에 불편한 사람이 없으니 흘러들었습니다. 평소에 조금만 신경을 기우렸으면 이렇게까지 악화되지는 않았을 텐데 소 잃고 외양간 고치는 격이 되고 말았습니다. 하지만 지금이라도 더 불편함이 없도록 어머니를 살펴드리는 것이 자식의 도리라 생각합니다.

객지에서 학교를 다닐 때 어머니가 제 자취집에 오신 적이 있었습니다. 먹을 것을 잔뜩 머리에 이고 오신 어머니는 한동안 땀을 흘리며 앉아 계셨습니다. 그날 어머니가 이고 오신 짐은 동생과 내가 둘이서 들기도 버거웠습니다. 어머니는 우리를 그렇게 키우셨는데 어머니를 살피러 다니면서 투덜대고 불평을 했으니 참 염치도 없는 딸년인가 봅니다.

친정집에 계실 때는 여러 형제들이 함께 살펴드렸는데, 지금은 여동생 혼자 수발을 하니 고생이 더 많을 것입니다. 동생한테 고생한다고 전화라도 한 통화 해 주렵니다. 선배님이 하신 말씀이 귓전을 울립니다.

“불편하셔도 어머니가 계신 그 자체만으로도 행복한 사람 아니오.”

많은 것을 깨닫게 해주신 선배님의 전화 통화가 고맙기 그지없습니다.

속없는 여자

동화구연을 배우러 가는 날이다. 밤새 잠을 설쳤지만 기분 좋게 집을 나섰다.

강의실 문을 열고 들어서니 모두들 웃음으로 맞아준다. 오늘은 〈꼬꼬의 하얀 알〉을 배운단다. 병아리들이 종종걸음으로 다가오는 것 같다. 선생님의 고운 목소리가 의자 사이를 넘나든다. 동화구연 강의를 십 년도 넘게 한 선생님은 매 강의마다 〈꼬꼬의 하얀 알〉은 빠지지 않았다고 한다.

본격적인 수업이 시작되었다. 그런데 눈꺼풀이 내려앉는다. 긴장이 풀려서 그러나 싶어 눈꺼풀을 뒤집었다. 소용이 없다. 잠을 쫓아내려고 애를 쓰면 쓸수록 눈꺼풀이 더 내려앉는다. 정신을 가다듬으려고 살을 꼬집고 혀도 깨물었다. 그러나 순간순간 쏟아지는 졸음은 사정도 없이 혼을 앗아간다. 단어에 따라 억양과 표현이 다른 선생님의 설명을 나의 뇌는 자장가로 단단히 착각을 한 모양이다.

잠깐 정신이 들어 선생님의 설명을 듣다가 나도 모르게 또 깜박하고 만다. 선생님의 부연 설명을 잘 기록해 두어야 다음에도 참고를 할 수 있는데 염치없는 졸음이 끈질기게 달라붙어 나는 사전에도 없는 글씨를 쓴다.

전에도 이런 날이 있었다. 그래서 내가 잠보로 소문이 난 것이다. 독실한 기독교 신자인 동생은 교회에서 행사가 일을 때마다 나를 참석시키기 위해 성화였다. 동생 권유를 거절할 수 없어 교회문을 들어서는 순간이면 수면제라도 먹은 것처럼 잠이 쏟아졌다. 아무리 용을 쓰고 앉아 설교를 들으려 해도 내 인내심의 한계는 금방 바닥이 났다. 정신없이 졸아대니 사방에서 "젊은 사람이 저렇게 참을성이 없을까." "어젯밤에 안자고 뭐했소."하며 난리들이었다.

잠깐 쉬었다 계속하자는 선생님의 말씀에 졸음은 염치가 없는지 슬그머니 물러난다. 평소 흐트러진 모습을 볼 수 없는 희정 엄마에게 민망한 꼴을 보인 것 같아 계면쩍다. 밤새 고장 난 온수기를 살피느라 잠을 못 잤다고 하니 그녀는 내가 강의실을 들어설 때 피곤해 보이더라고 한다. 정신없이 망가진 내 모습을 그녀는 모른 척한다. 가슴이 뜨끔하다. 상대방이 무안하지 않게 배려하는 그녀의 됨됨이가 내 졸음을 쫓아준다. 사교술이 부족한 나는 서툴게 직접적인 표현법을 쓰는데 그녀는 상대방을 가슴으로 끌어안는다. 소리 없이 웃는 미소 뒤로 꾸벅거리는 내 모습이 보인다.

다시 수업이 시작되었다. 사방에서 병아리가 삐약거린다. 겁도 없이 천방지축인 병아리가 나라면 그녀는 무리에서 이탈한 병아리를 어미처럼 돌보는 정 많은 병아리다.

남우가 생각난다. 나와 동갑내기인 그녀는 대학원 동기인데 잠보였다. 수업시간이면 그렇게 졸면서도 수업의 요점은 정확하게 파악하고 질문을 했다. 교회에서 졸던 기억을 까맣게 잊은 나는 웬 잠을 그렇게 자느냐고 핀잔을 주었다. 늦은 감이 없지 않지만 이제라도 미안한 내 마음을 전하고 싶다. 과거의 내 허물을 깨달으라고 졸음이 그렇게 쏟아진 것일까? 나이가 드니 철도 드는 모양이다.

눈망울이 또랑또랑해진다. 혼자 엉뚱하게 말하고 표현하는 내 모습을 희정 엄마가 지그시 바라본다. 회원들과 엇박자로 하면서도 즐거우니 속없는 여자임이 틀림없다. 그래도 동화구연이 재미있으니 그나마 다행한 일이다.

컵 비빔밥

"아이고 맛있게 잘 묵었다."

차 어머니가 입맛을 다시며 밥그릇을 내려놓는다. 둘러앉아 밥을 먹던 어머니들도 모두가 잘 먹었다고 한다.

"어이, 왜 이리 맛있당가."

"그냥 묵어도 맛있는디 컵에 비벼 묵었으니 오직이나 맛있것소." 한바탕 웃음보가 터진다. 문해교육을 마치고 어머니들과 마을회관에서 밥을 먹었다. 반찬은 게장과 겉절이다. 그런데도 모두들 잘 먹었다고 입을 모은다.

어머니들은 회관에서 늦은 점심을 먹고 놀았다고 한다. 아무리 늦게 점심을 먹어도 9시가 넘었으니 시장기가 들만도 하다. 그러던 참에

종이컵에 밥을 담아 삼삼한 게장에 비벼 먹었으니 맛이 있을 수밖에 없다. 나도 꿀맛 같은 밥을 먹었다.

어머니들은 먹을 것이 있으면 꼭 챙겨두었다 함께 먹자고 한다. 오늘도 점심을 먹으면서 게장이 맛있어 저녁에도 나랑 같이 먹자고 의논을 하셨단다. 공부가 끝나자 평소에는 운동을 해야 건강할 수 있다며 책상을 서둘러 정리하던 어머니 두 분이 오늘은 운동 하지 말자고 하더니 밖으로 나간다. 다른 어머니들 역시 운동도 쉬는 날이 있는 것이라며 앉아서 이야기나 하자고 한다.

인기척이 나니 얼른 문을 열어준다. 어머니들이 오들오들 떨면서 쟁반에 밥상을 차려 온다. 방에 있던 어머니들은 손 시리다고 방석을 들어주며 손을 넣어 녹이라고 한다. 올겨울 들어 제일 추운 날이라고 매스컴에서는 야단인데 찬물에 손을 담가가며 밥상을 차렸으니 오죽이나 춥겠는가. 그래도 강 어머니는 당신 추운 것은 개의치 않고 내 앞으로 밥그릇을 놓으며 맛있게 먹으라고 한다.

어느 책에서 '음식은 마음의 맛'이라고 적힌 글을 읽은 적이 있다. 그때는 음식은 먹으면 맛을 알 수 있는데 왜 이런 표현을 썼을까 하고 의아하게 생각했다. 아무리 좋은 재료로 음식을 만들어도 정성이 없으면 무슨 맛이 우러나오겠는가. 그러고 보니 마을 회관에서 어머니들 하고 먹은 음식이 다 맛이 있었다. 어떻게든 나에게 맛을 보이려고 마음으로 음식을 담아 두었는데 어찌 맛이 없겠는가.

남편은 가끔 어렸을 때는 맛있던 음식이 지금은 맛이 없다고 타박을 한다. 배고프면 맛이 있기 마련인데 배는 예전처럼 고프지도 않은데 맛만 없다고 하니 입맛을 실종한 탓일까? 아니면 바깥 음식에 길들여진 입맛 때문일까? 변한 식성을 무엇으로 바꿀 수 있다고 옛 맛을 고집하는지 알다가도 모를 일이다. 원인이 무엇이든 위장이 쉴 시간이 없는데도 입맛만 돋우려고 하니 과체중과 성인병이 늘어나는 원인이 아닌가 싶다.

요즈음은 초등학생들조차도 과체중이 많다고 한다. 운동은 하지 않고 고칼로리 음식을 먹어대니 성인병을 달고 사는지도 모른다. 해마다 성인병이 늘어나는 것을 보면 음식과 연관이 있는 것이 분명하다.

내가 중학교 다닐 때는 저녁밥은 언제나 꿀맛이었다. 시오리 길을 걸어서 다녔으니 출출한 속에 무엇을 먹은들 맛이 없었겠는가. 주변 여건이 변화하는 것은 인식하면서 왜 음식 문화가 바뀐 것은 모를까. 맛 이전에 마음과 정으로 음식을 먹으면 옛 맛을 고집하는 사람이 줄어들 텐데.

어머니들의 정성과 마음을 담아 먹은 컵 비빔밥은 성찬이다. 먹은 사람 모두가 즐겁고 맛이 있었으니 이 보다 더한 성찬이 어디 있겠는가. 바람이 있다면 어머니들과 건강한 모습으로 오래도록 문해교육을 하면서 함께 지냈으면 하는 것이다. 냉수 한 사발도 형님부터 챙기고, 잘 먹었다고 입맛을 다시니 음식 맛보다 더한 것이 정이 아닌가 싶다.

맏언니

거리에서 우연히 그녀를 만났다. 평소처럼 앞니가 보일 듯 말듯 미소 띤 모습이다. 그녀를 보면 언짢은 일이 있다가도 스르르 기분이 좋아지고, 저절로 웃음이 나온다.

그녀의 표정은 한결 같다. 싫은 소리를 듣거나 화나는 일이 있어도 내색이 없다. 사람들을 위로하고 격려하는 마음 또한 언제나 같은 표정이다. 그래서 엄마 같고 맏언니처럼 느껴지는가 보다. 그녀는 만인의 맏언니다.

맏언니와 마주하고 있으면 어떤 고민을 털어놓고 의논해도 될 것처럼 편하다. 그래서 그럴까. 그녀의 주변에는 사람들이 많이 모여든다. 누가 어떤 어려움에 처해 있고, 누구의 근황은 어떻다고 전해주며 의논도 한다.

그녀는 누가 무슨 말을 하든 묵묵히 들어주며 그들의 말벗이 되어 준다. 그 사람들은 대부분 정이 그리운 이들이다. 마음이 아픈 사람들에게는 맏언니 역할을 자청해서 한다.

어려운 사람들은 그녀를 보면 힘이 솟는다고 한다. 늘 지켜보면서 격려해 주기 때문이다. 그녀는 시력이 좋지 않으면서도 정이 그리운 사람들을 잘 알아본다. 마음의 눈으로 보기 때문일 것이다. 그들을 지긋한 눈빛으로 바라보는 모습은 자애로운 어머니의 표정이다.

맏언니가 언제나 너그럽기만 한 것은 아니다. 클럽의 일이 잘못 되어 가면 싫은 소리도 곧잘 한다. 그래도 사람들은 불평이 없다. 자신보다 클럽을 먼저 생각하는 마음을 알기 때문이다. 어떻게든 긴축재정으로 클럽을 운영하려고 노력하는 그녀는 우리 클럽의 리더요 살림꾼이다.

그녀의 통솔력은 대단하다. 회원들의 마음을 하나 같이 움직이는 힘이 있다. 그것은 순전히 봉사에서 비롯된 것인지도 모른다. 어깨가 아파 치료를 받으면서도 봉사활동을 열심히 하는 모습을 보면 누구라도 가만히 있을 수가 없다. 사랑의 집을 짓는 현장에서 도배도 하고, 매실 따기며 잡초 뽑기, 녹찻잎 따기 등 일손 돕기에 늘 선봉이다.

그녀는 궂은 일 좋은 일 가리지 않고 소리 없이 실천을 한다. 왕언니가 솔선수범하는데 회원들이 어찌 게으름을 피울 수 있겠는가. 무슨 일이건 클럽에 일이 있으면 앞장서서 회원들을 다독거리며 격려를 한다. 지긋한 눈빛과 정이 묻어나는 목소리는 언제 들어도 아침이슬처럼 신선하다.

그녀는 참으로 검소하다. 그런데도 클럽이나 어려운 이웃에게는 주저 없이 주머니를 연다. 사랑을 나누고 정을 주는 모습은 인자한 어머니요 알뜰살뜰 챙겨주는 언니 같다. 그녀에게는 다양한 연령층의 친구가 있다. 그 친구들은 유치원생에서 팔순의 할머니까지 참으로 다양하다. 배려하는 생활이 인연이 되어 친구로 이어지고 엮여진 때문이리라. 오늘도 그녀의 손에는 비닐봉지가 들려있다. 누구에겐가 사랑을 전하러 가는 모양이다. 사람대접 받기 어렵다고 하는데 그녀를 보면 그렇지만도 않은 것 같다.

그녀는 탓을 할 줄 모른다. 클럽에 경사스런 일이 있으면 회원에게 공을 돌리고 축하의 박수를 주저 없이 보낸다. 그 훈훈함이 회원들에게는 온돌방 같은 사랑으로 전달되기 마련이다. 집안에 어진 어른이 있으면 모난 가족이 없다고 하는데 우리 클럽의 화기애애한 분위기도 그녀가 클럽의 중심에 있기에 가능한 일이 아닌가 싶다.

그녀는 자전거를 즐겨 탄다. 산에도 자주 간다. 나이보다 젊어 보이는 것은 꾸준한 운동 때문일 것이다. 하지만 그녀의 얼굴이 평화롭게 보이는 것은 평소에 배려하는 생활에서 오는 마음의 여유 때문이리라.

그녀는 어려운 이웃의 친구며 지지자요 조력자다. 그녀의 부군도 봉사가 생활화 된 사람이다. 외조인지 내조인지 부부가 봉사의 삶을 사는 모습을 정말 본받고 싶다. 그녀가 있는 한 우리 로타리클럽은 달리는 열차처럼 레일 위를 힘차게 나아갈 것이다.

누구를 위한 개발인가

외출에서 돌아오니 웬 승용차가 우리 집 대문 앞을 가로막고 있습니다. 또 그 사람들이 온 모양입니다. 아니나 다를까 마당에 세 사람의 객이 있습니다. 그중 한 사람이 나와 눈이 마주치자 반가운 내색을 합니다. 또 한 사람은 얼른 차를 이동시킵니다. 남정네 세 사람이 다시 마당에 섰습니다. 저는 한사코 그 사람들을 외면합니다.

말을 걸어옵니다. 하지만 저는 눈길도 주지 않고 침묵으로 일관합니다. 만나고 싶지 않은, 보기만 해도 스트레스가 쌓이는 사람들이라 의식적으로 그들이 하는 말에 대꾸도 하지 않는 것입니다. 누구누구도 계약을 했고 이제 서너 사람만 더 계약을 하면 된다고 합니다. 한참 동안 지껄이던 남정네들이 닭 쫓던 개 지붕 쳐다보듯 멀거니 서 있다가 다음에 또 오겠다는 말을 남기고 갑니다.

주위에 아파트 단지가 생긴다고 합니다. 우리 집이며 과수원도 거기에 포함이 된다는 것입니다. 요즈음 우리 집에 사람들의 출입이 잦습니다. 이곳에서 오래 살다보니 객지에 살고 있는 사람들이 자기네 땅을 어떻게 하는 것이 좋겠느냐고 문의를 해오는가 하면, 주위에 전답이 있는 사람들이 시세를 알아보러 옵니다. 부동산과 아파트를 짓겠다는 회사에서 땅을 팔라고 문지방이 닳도록 오기도 합니다.

기분이 착잡합니다. 어떻게 일군 과수원이고, 집인데 시장에서 콩나물 팔듯 그렇게 쉽게 생각이 굳힐 것이라고 생각하는지요. 하기 쉬운 말로 '땡 잡은 것 아니냐'고 하기도 합니다. 우리에게 그런 말을 한 사람의 대부분은 부모한테서 유산을 물려받았거나 부동산 투기를 한 사람들일 것입니다. 그들은 젊음을 바쳐 일군 과수원을 투기로 산 부동산과 같은 맥락으로 생각을 합니다.

아파트 진입로가 개설되는데 우리 집과 원룸이 그 초입이라고 합니다. 원룸은 4차선 도로 옆으로 위치해 있고 집은 사방이 길과 연결되어 있습니다. 그런데 땅을 사들이는 회사에서 감정평가사가 감정한 값을 제시합니다. 그들이 제시한 값은 요즈음 건축비의 절반수준도 되지 않고, 토지는 시가의 밑바닥 수준에도 미치지 못합니다. 대지를 농로도 없는 논의 가격에 빗대어 말을 하니 그 사람들이 오면 상대조

차 해주기가 싫습니다. 아니, 대놓고 무시를 해버립니다. 그들은 해당되는 토지의 85퍼세트만 매입이 되면 나머지 토지는 강제수용이 된다고 합니다. 그러니 수용되기 전에 자기들이 제시한 금액에 순순히 계약을 하자는 식입니다.

이런 엉터리가 어디 있습니까. 누구를 위한 개발이고, 누구를 위한 강제수용일까요. 집이나 과수원이 계획 토지의 중앙에 위치해 있는 것도 아니고 또한 그냥 전답도 아닙니다. 사람이 살고 있는데 강제수용 운운하는 사람들에게 저는 한 수 위로 맞섭니다. 진입로의 초입이라 그 만큼 경제성이 있으니 주변의 시세보다 높은 값을 제시했습니다. 그리고 그 값이 아니면 사겠다는 말도 꺼내지 말라고 했습니다. 그래서 회사 사람들이 와도 거들떠보지 않았던 것입니다. 토지를 매입하는 회사에서 지주들에게 토지를 매입하면서 조건을 붙인 것이 있습니다. 금년 말까지 관청에서 공사허가를 받지 못하면 계약금을 포기하겠다는 것입니다. 그러니 회사에서는 애가 닳을 수밖에 없습니다. 그런데도 태연한 척하는 것입니다. '뛰는 놈 위에 나는 놈이 있다.'는 것을 모르는 모양입니다.

힘들게 과수원을 일구고 살아온 세월만큼이나 과수원에 대한 애착이 있습니다. 농산물 수입이 개방되어 외국 과일이 판을 쳐 과수원이 제 기능을 다 하지 못해도 걱정이 없습니다. 다른 기능으로 얼마든지 사용할 수 있는 과수원이니까요.

제가 가슴앓이를 하는 것은 과수원에서 저의 꿈을 접는 것입니다. 황무지나 다름없는 야산을 이 정도로 가꾸기까지는 손은 갈퀴가 되고 수없이 많은 시련을 겪었습니다. 그 시련만큼이나 가슴속에 큰 꿈을 접어야 할지도 모른다는 현실이 더 난감합니다. 비록 과수원으로서의 기능은 잃었지만 저의 꿈을 펼치기에 더없이 좋은 위치에 있는 과수원이라 늘 든든했으니까요.

꿈이 있으면 길도 있다고 합니다. 꼭 과수원에서 저의 꿈이 펼쳐질 수 있도록 노력하렵니다. 나 자신을 위한 개발이 아닌 어르신들의 삶의 휴식처로 가꾸고 싶습니다.

청말아, 달려오렴

1월 1일, 그야말로 신년벽두다. 올해는 새벽녘에 집을 나서 떡국봉사로 시작을 해서 그런지 가슴이 뿌듯하고 1년 내내 좋은 일들만 있을 것 같다. 더구나 생전 보지도 못한 청말이 달려온다고 생각하니 흥분까지 된다. 어제 저녁, 그러니까 시간으로 치면 10시간 전만 해도 나이를 한 살 더 먹는다는 생각에 자괴감이 들었는데, 지금은 두둥실 떠 있는 해를 보며 방긋 웃는다. 갑오년의 첫 만남이 낯설지 않아 짓는 미소다.

마음을 경건하게 하고 눈을 감는다. 105세 시어머니로부터 4세 손자에 이르기까지 우리 가족 모두의 건강과 행운을 빈다. 특히 자식도 손자도 몰라보는 시어머니와 가끔씩 엉뚱한 말로 가족을 긴장시키는 친정어머니의 정신 줄을 맑게 이어달라고 빌고 또 빈다. 그리고 올해는 가족으로 인한 아픔이 없기를 염원한다. 작년에 너무 허망한 이별이 있었기에 올해는 제발 아픔이 없었으면 좋겠다.

뚜벅거리는 발소리에 숙연한 마음이 사라진다. 누군가가 가까이 오는 것 같아 사방을 두리번거린다. 아무리 둘러봐도 바람 소리만 주위를 맴도는데 또 뚜벅거리는 발자국 소리가 들린다. 갑오년이 내게 이렇게 다가온다.

말은 활동적이며, 민첩하고, 날렵해서 천방지축 뛰어다니는 모습만 상상을 했는데 갑오년의 말은 사람과 친하게 지내기 좋아하는 내 친구처럼 다가온다. 서양에서는 청마가 행운을 가져다주는 유니콘이라 하는데 내 마음에도 그런 청마가 달려온다. 사람과 가깝게 지내온 동물인 말은 갑오년을 맞아 내게도 일 년 동안 친구하자며 손을 내민다. 그러나 나는 선뜻 손을 잡을 수 없다. 사려가 깊지 못한 나와 천방지축 날뛰는 말이 비슷한 점이 많기 때문이다. 그렇지만 서로의 장점과 단점을 보완하고 차분한 음악이나 명상 등을 통해 마음을 다스리는 시간을 갖는다면 천상의 콤비가 될 수 있을 것도 같다. 그래서 성격이 곧고 진취적이며 활달한 특징이 있는 청마처럼 일 년 동안 살고 싶다. 그 자리에 머물러 있으면 서서 자거나 서서 우는 말처럼 고달픈 한 해가 될 것이 뻔하기에 나 자신부터 변화와 개혁에 동참하여 시대에

뒤처지지 않도록 항상 노력을 게을리하지 않을 것이다

갑오년甲午年의 천간 갑甲은 청색을 상징하고 지지 오午는 말馬을 상징하여 청말띠 해로 부른다고 한다. 그러나 실제로 푸른 말은 실존하지 않는 상상속의 말馬 즉 '유니콘'을 의미한다고 한다.

이유와 어찌되었든 간에 나는 올 일 년을 말처럼 부지런히 뛸 것이다. 말은 경주를 위해 뛰고 사람들의 필요에 의해 뛰지만 나는 가족을 위해, 이웃을 위해, 우리 모두를 위해, 그리고 나를 위해서도 뛸 것이다. 비록 힘은 약하지만 내 작은 힘일망정 필요한 사람이 있다면 망설이지 않을 테다. 그래서 누군가가 해야 할 일이라면 내가 하고, 언젠가 해야 할 일이라면 지금 해서 후회가 남지 않도록 말馬처럼 뛸 것이다.

말은 활발하여 가만히 있지 못하고 늘 자유분방하게 활동적인 성격을 가지고 있는데 나는 활발하지도 않고 강한 성격도 아니지만 가만히 있지 못하는 것만은 닮은 데가 있다. 한 곳에 있지 못하는 말이 옛날부터 사람들의 이동수단이 되었듯, 나는 사람들의 마음을 이어주는 가교 역할을 하면서 이웃과 이웃의 끈이 되고 싶다. 서양에서는 청마를 '행운의 말'이라 하고, 동양에서는 '힘 있고 활발하여 곧은 성격을 의미'하고 좋은 일이 생긴다고 하는 것처럼 나도 이웃에게 행운을 전해주는 사람이 되고 싶다. 이것이 갑오년 올해에 내가 하고픈 일이며 나의 이 다짐이 꼭 이루어지기를 해님께 빌어본다.

청말아, 내게 힘차게 달려오렴. 그리고 나와 함께 뛰자. 삼백육십오일을 쉬지 말고. 너는 행운의 말馬, 나는 행운을 전해주는 사람, 우리 동반자가 되어 섣달그믐날 후회 없이 뛰었다고 축배를 들자꾸나.

등 책상

생각주머니가 잘 열리는 사람이 있다. 그녀가 그렇다. 상황 판단이 빠른 그녀는 센스가 있다는 표현이 더 맞는지도 모른다. 오늘도 그랬다. 지인이 시아버지상을 당해 장례식장에 갔는데 입구부터 초만원이었다. 비좁은 틈에서 일행을 기다리고 있는데 바쁘게 온 회원이 아직 조의금 봉투를 준비하지 못했다고 했다. 그녀가 사무실 쪽으로 가더니 금방 봉투와 볼펜을 가지고 와 회원에게 주며 그 앞에서 등을 구부렸다. 영문을 몰라 어리둥절한 회원에게 '등 책상입니다.' 했다.

만나면 이야기꽃을 피우는 회원들인데 오늘은 분위기가 무거웠다. 연세도 많지 않은 데다 워낙 갑작스런 죽음이라 이심전심 애달픈 마음들이었던 것이다. 한참의 침묵을 깬 것은 '등 책상'이란 말이다. 어떻게 그런 생각을 했느냐고. 세상에 하나 밖에 없는 참 예쁜 책상이라고. 말문이 열리자 여기저기서 기발한 아이디어라며 칭찬이 쏟아졌다. 아무나 할 수 있는 것이 아니라는 말에 공감이 갔다.

사실 그녀는 좋은 일도 많이 하지만 궂은일을 더 많이 한다. 앞장서서 봉사하고 솔선수범한다. 그러면서도 얼굴에는 늘 웃음꽃이 피는 것은 받는 즐거움보다 주는 기쁨을 일찍이 터득해서일 것이다. 봉사의 중심에 그녀의 모습이 빠지지 않았고, 일행들을 자연스레 리드하곤 한다.

전업주부도 봉사의 대열에 빠지지 않고 참여하기란 쉬운 일이 아니다. 하물며 직장생활을 하는 그녀는 말해 무엇하랴. 그 시간들을 보충하느라 남보다 이른 시간에 출근하고 귀가는 늦을지도 모른다.

사람마다 생각의 차이가 있듯이 추구하는 삶도 다르다. 나부터 챙기는 사람이 있는가 하면 상대방을 먼저 배려하는 사람이 있고, 내 몫을 지키는 사람이 있는가 하면 내 몫마저 베푸는 사람도 있다. 내 것을 지키는 사람은 더러 인색해 보일 때가 있다. 궁색하지 않는 데도 내 것이라는 그 명분만을 고집하니 실리를 따지는 것 같아 야박해 보이는 것이다.

그녀에게는 다양한 친구가 있다. 다문화가정과 한 부모 가정의 주부, 몸이 불편한 사람, 혼자 사는 노인, 손자를 돌보는 어르신. 이들에게 그녀는 상담자며 조력자고 든든한 마음의 벗이다. 반짝거리는 자식의 자동차를 타고 병원에 간 적은 없어도 그녀의 허름한 자동차를 타고 자기 집 드나들 듯 치료를 다니는 어르신. 손짓 발짓으로 대화를 나누며 보살피는 다문화가정에 버팀목이 되어주는 그녀다. 그녀는 가끔 가교 역할을 하기도 한다. 도움이 필요한 사람과 도움을 줄 수 있는 사람을 연결하여 정을 나눌 수 있도록 한다. 그런 그녀를 두고 주변에서 정이 많은 사람이라고, 보람 있게 사는 사람이라고들 한다.

가끔은 나무가 참 위대해 보일 때가 있다. 베풀기만 하는 나무는 큰 나무든 작은 나무든 자신을 위해 갖는 것은 아무 것도 없기 때문이다. 사람들에게 그늘을 만들어 쉬게 해주고, 열매를 맺어 먹는 기쁨을 제공해 주며, 마지막 남은 잎까지도 흙으로 돌아가 거름이 된다. 나무야 말로 빈 몸으로 왔다가 빈 몸으로 간다. 탐내고 욕심을 부리는 것은 만물의 영장이라는 사람들이 한다.

그녀는 나무 같은 사람이다. 나무는 사람의 마음을 몰라주는데 그녀는 사람의 마음까지도 다독여준다. 아낌없는 사랑을 주면서도 티내지 않고 받는 사람의 마음까지도 헤아릴 줄 안다. 그녀를 좋아하는 사람들이 많다. 아니 아끼는 사람들이 많다고 하는 것이 더 옳은 표현인지도 모른다. 좋은 물건은 아끼고 사랑하듯이 사람도 그런가 보다.

자유 여행

비가 온다. 추위를 재촉하는 비다. 저 비가 그치고 나면 바람이 쌩쌩 불고 기온은 뚝 떨어져 겨울이 성큼 다가올 것이다. 가을을 누려보기도 전에 겨울을 맞아야 하다니 이 무슨 가당찮은 일인가. 단풍구경도 못하고 들국화에 눈길도 제대로 주지 못했는데 아쉽기 짝이 없다.

올 가을에는 자유여행을 다녀오고 싶었다. 목적지도 없고 동행자도 없이 혼자 발길 닿는 대로 버스를 타고 가차도 타면서 이 가을을 즐기고 싶었던 것이다. 그런데 나의 계획을 실행에 옮기지도 않았는데 추적추적 비가 오니 심란한 마음을 감출 수가 없다.

불편한 것이 어디 마음뿐이랴. 조급함 때문인지 아무렇지 않던 발도 아프다. 무던히 걸어도 아무 증상이 없던 발이 아니던가. 그런 발이 아프다니. 비가 나의 몸과 마음을 흔들어 놓는다.

비가 바람을 불러들였는지 윙윙거리며 나뭇가지가 정신없이 흔들어댄다. 바람도 나처럼 마음을 다잡지 못하고 단단히 화가 난 모양이다. 양동이가 날리고 감나무에 기대 놓은 간짓대가 실없이 나뒹군다. 복슬이가 놀라 꼬리를 내리고 닭들은 처마 밑에서 눈만 깜박거린다.

창문 너머로 보는 광경이 얄궂기가 짝이 없다. 여느 날 같으면 가는 시간을 붙들어 매고 싶으련만 오늘은 그저 비가 그치기만 바란다. 비가 그치면 바람이 잦아들고 무시로 매를 맞는 나뭇가지는 떨지 않아도 될 터가 아니던가. 그러나 무엇보다 복슬이가 허리를 펴고, 뿔뿔이 흩어져 있는 닭들이 감나무 가지에 옹기종기 모여앉아 놀다 단잠을 잘 수가 있을 것이다.

우당탕 소리에 가슴이 섬뜩하다. 마당에 있던 대야가 바람에 떠밀려 백일홍나무에 부딪치더니 꼬꾸라지듯 돌 틈새에 처박힌다. 그래 뉘라서 저 바람을 막을 수 있겠는가. 겨울을 재촉하는 비가 두려운 것이 아니라 이 순간은 보이지 않고 잡을 수도 없는 바람이 더 무섭다.

검은 물체가 공중에서 마구 휘날린다. 겁이 덜컥 난다. 지금껏 보지 못했던 광경이라 몸이 저절로 움츠려든다. 가까스로 정신을 가다듬고 보니 아뿔싸, 완두콩 밭에 씌워 놓은 비닐을 바람이 걷어 공중무용을 시킨다. 저러다 곱게 내려와 다소곳해지면 얼마나 좋으랴만 나뭇가지에 걸려 시도 때도 없이 펄럭이면 꼴불견이 따로 없는데 어쩌면 좋단 말인가. 그러나 지금으로서는 어떻게 해 볼 방법이 없다. 그저 바람에게 곱게 제자리로 보내달라고 부탁하는 수밖에는.

눈을 감는다. 그리고 주문을 외운다. 한 말을 하고 또 하며 얼마나 시간이 흘렀을까? 조심스레 눈을 뜬다. 나의 기도가 하늘에 닿았는지 아니면 바람도 쉬는 시간이 필요했는지 밖이 잠잠하다. 그러나 비는 여전히 내린다. 이제는 비가 오는 것보다 바람에 더 신경이 쓰인다. 바람은 그치면 그만일 터이고 비는 그치면 추위를 몰고 오겠지만 그래도 바람이 그치니 마음이 더 놓인다.

감나무에 홍시는 대롱거리는데 정원의 단풍나무는 잎이 헐렁해졌다. 숨을 고르던 단풍 나뭇잎이 또 흔들어댄다. 다행히도 빗줄기가 약해진다. 가뭄에 오는 비는 단비지만 가을걷이 중에 오는 비는 일손만 보탠다. 추수는 끝났지만 다른 농작물은 아직도 수확 중이니 고마운 비만은 아니다.

비가 그치고 추위가 성큼 다가오기 전에 나의 겨우살이 준비를 서둘러야 할 것 같다. 기회는 때가 있는 법, 미루기만 할 것이 아니라 자유여행을 실행으로 옮겨 만추의 멋을 누려보고 싶다.

생각의 전환을 할 수 있게 해준 비, 추위를 재촉하는 비가 내 마음에 살을 찌게 해 줄 것만 같다.

봄은 왔는데

요즈음 들어 눈이 자주 시리다. 괜스레 눈물이 나고 울컥해지기도 한다. 오늘도 그랬다. 비닐봉지에서 두릅을 꺼내 펼쳐놓으니 두 분 어머니 생각에 콧등이 시큰해졌다. 시어머니도 친정어머니도 두릅을 참 좋아하셨다.

“귀한 것을 이리 많이 가져 왔냐.”하며 좋아하시던 친정어머니.

“참 실하다. 봄이면 니가 갖다 주는 두릅을 먹은 후로 감기에 걸리지 않드라. 이것이 감기약이다.” 하시던 시어머니.

봄이면 남편과 같이 주위 산에 가서 두릅을 따 어른들께 갖다 드리곤 했다. 낭떠러지에 실한 두릅이 있으면 맛있게 드시는 모습을 떠올리며 위험을 무릅쓰고 따기도 했다. 실하고 좋은 것은 어머니들 몫이었는데, 작게 딴 날에는 조금 쉰 것도 함께 갖다 드리면서 오늘은 많이 따지 못했다고 하면 이런 날도 있고 저런 날도 있는 것이라며 좋아 하셨다.

오늘도 두릅은 따 왔는데 어른들이 계시지 않으니 서운하기 이를 데 없다. 봄이 되면 나무가 새움을 피우듯이 어머니들도 홀연히 다시 오신다면 얼마나 좋으련만 애꿎은 눈만 시리다.

기다려주지 않는 것이 세월이고, 마음대로 할 수 없는 것이 삶의 끈이다. 부모님 생전에 좀 더 잘해 드리지 못한 후회가 가슴속으로 파고든다. 때 늦은 후회에 눈시울이 뜨겁다.

어느 부모가 고생하지 않고 자식들을 키웠을까마는 시어머니나 친정어머니 또한 당신들만을 위한 삶이 아니었다. 시어머니는 자식들 먹이고 나면 당신 몫은 없어 물로 배를 채우기도 했다고 하셨다. 허기가 얼마나 힘든지 당해보지 않고 어찌 알라마는 그래서 더욱 특별한 것이 있으면 생각이 나곤 한다.

두릅은 몸에 활력을 공급해주고 피로를 풀어주기 때문에, 아침에 잘 일어나지 못하는 춘곤증에 최고 나물이라고 한다. 봄 두릅은 금이고 가을 두릅은 은이라는 말이 있을 정도로 봄 두릅은 '산채의 제왕'으로 불린다.

요즈음 부쩍 나른해 하는 남편에게 살짝 데쳐 초고추장에 찍어 먹게 하고 싶다. 어머니들처럼 맛있게 먹고 활기찬 모습으로 회복하면 무엇을 더 바라랴.

따면 다시 움을 틔워 자라는 두릅처럼 나의 삶도 그렇게 살고 싶다. 내가 하고 싶은 일을 지금은 기회가 주어지지 않아 할 수가 없지만 끈기 있게 생명력을 이어가는 두릅처럼 언젠가는 나의 바람도 이룰 수 있을까?

노력도 중요하지만 인내하며 기다리는 것도 삶의 한 방편이 아닌가 싶다. 힘들 때는 잠시 쉬어가듯 나도 지금은 숨고르기를 하는 시기다. 과수원을 일구던 초창기에 비하면 지금의 생활은 육체적으로나 정신적으로도 많이 여유롭다. 욕심은 부릴수록 더 생기는 법이다. 그래서 욕심이 사람을 망치기도 한다.

나의 삶은 나의 몫이다. 주어진 환경에서 최선을 다하는 것이 내 삶에 대한 나의 자세가 아닌가 싶다. 흐트러지지 않고 배려하면서 나보다 우리라는 울타리 안에서 사는 삶이 아름답다고 생각한다.

정신적으로 긴장이 지속되는 사무직 종사자와 학생들이 먹으면 머리가 맑아지고 잠도 잘 오는 두릅처럼 나도 쓸모 있는 사람으로 거듭나고 싶다. 누군가에겐 나의 손길이 절실하게 필요할 수도 있을 텐데. 계절의 봄만 봄이 아니다. 도움이 필요한 사람에게 도움이 된다면 나도 누군가의 봄이 되지 않을까.

4.

속도 모르고
내가 먼저
실과 바늘처럼
홍등
병아리야 미안해
반갑다, 병아리야
식구 수도 모르면서
색깔 때문에
아픔 잊은 노래 교실
가족의 정

속도 모르고

하던 일을 주섬주섬 정리하고 집으로 향한다. 가는 내내 울퉁불퉁 하던 마음이 집이 가까워질수록 널뛰기를 한다. 현관문을 열고 신발을 살피는데 어느새 기척을 느꼈는지 남편이 왜 왔느냐고 묻는다.

"아까 출근한다고 화내서 왔지." 퉁명스런 내 말에

"아무 말도 안 하고 있다 갑자기 가니까 그랬지." 한다.

나도 주말이면 늦잠을 자고, 식사 후에는 여유롭게 차도 마시고 싶다. 그런데 사정이 달라졌다. 지난주에 어린이집에 입소한 아이의 엄마가 토요일에도 직장에 출근을 하기 때문에 등원 시간에 맞춰 어린이집을 개방해야 한다. 당직 선생님이 있긴 한데 이른 시간이라 만약의 경우에 대비하여 내가 먼저 서둘러 출근을 한 것이다. 두 아이를 챙겨서 등원시키고 출근하는 학부모에게 아침시간은 황금 같은 시간이다. 그런데 어린이집 대문이 닫혀 있으면 얼마나 조급하겠는가. 염려스런 마음에 내가 미리 출근하여 아이들 맞아들일 준비를 하고 기다린다.

엄마와 떨어지지 않으려고 포옹과 입맞춤을 반복하는 아이가 말꼬리를 흐리며 시간을 붙잡으면 엄마의 마음은 조급해지기 마련이다. 예상했던 대로 동생은 웃으며 손을 흔드는데 형은 안아 달라고 한다. 엄마가 꼬옥 안고 입맞춤까지 해주어도 아이는 엄마와의 헤어짐이 마냥 아쉬운가 보다.

"민후야, 우리 잡기 놀이 할까?" 아이가 고개를 끄덕거리며 엄마 옷을 놓는다. 뒤도 돌아보지 않고 뛰어가는 엄마의 뒷모습이 무거워 보인다. 떨어지지 않으려는 아이를 두고 가는 엄마의 마음이 얼마나 안타까울까.

술래가 되어 일부러 팔을 크게 휘두르며 아이를 잡으려고 한다. 이리저리 피하는 아이를 따라 나도 세 살이 된다. 뒤뚱거리며 오리 흉내를 내니 아이들이 까르륵거린다. 나비처럼 훨훨 나는 동작을 하니 시후도 따라서 너울거린다. 엄마 생각을 잊어버린 아이들에게

"이제 선생님 하고 쌓기 놀이 해 볼래." 하며 당직 선생님한테 자리를 내어주고 살며시 일어나 교실 밖으로 나온다.

사무실에 오니 서류 뭉치가 어서 오라고 손짓을 한다. 한참 서류 정리를 하는데 아이들이 자지러지게 웃는다. 천진스런 아이들의 웃음 속에서 뿔난 남편의 소리도 들리는 것 같다. 날마다 혼자 지내다 주말에는 말동무가 있으려니 했을 텐데, 느닷없이 출근을 하니 허망했을 것이다.

그렇지 않아도 일주일 내내 남편과 밥 한 끼 같이 먹지 못한 것이 미안하던 참이다. 아이들 등원 시간이 빨라지다 보니 내 출근 시간도 빨라졌고, 아이들 하원이 늦으니 퇴근시간 또한 늦어지는 바람에 남편 혼자 세끼 식사를 한다.

적적해 하는 남편의 심정을 모르는 것은 아닌데, 내 심중이 꼬이는 것은 무슨 연유일까. 내 월급으로 집안 살림을 꾸리는 것도 아니고, 남편이 놀고 먹는 것은 더더욱 아닌데 얄궂은 심사가 꿈틀거리는 것을 나도 모르겠다.

'개구리 올챙이 적 생각 못한다.'는 말이 빈 말이 아닌 것 같다. 남편이 직장생활을 할 때 주말이면 남편과 함께 일을 하는 것도 좋았지만, 그보다 더 좋은 것은 혼자가 아니라는 것이었다. 누군가가 곁에 있다는 것은 의사소통을 할 수 있다는 것이다. 그런데 손님이 와서 남편을 불러내면 손님이 그렇게 미울 수가 없었다. 독농가에서 살다보니 주말에나 말동무가 있는데 그 말벗을 데리고 가면 또 혼자가 되기 때문이었다.

오늘 남편도 그랬을 것이다. 낮이면 혼자 과수원에서 식물하고만 대화를 나누다 오늘은 실없는 말이라도 나눌 아내가 있다고 생각했을 텐데 느닷없이 내가 출근을 하니

"그놈의 직장은 토요일도 없는가." 하며 버럭 소리를 질렀을 것이다. 전업주부 시절 나 또한 날마다 이야기 상대가 얼마나 그리웠던가. 그런 시절이 있었기에 남편이 이해가 된다.

인터넷 바둑을 두던 남편이 고개를 돌린다. 막상 출근한 사람이 다시 되돌아오니 남편이 민망한 모양이다. 화가 풀린 것 같다. 손짓으로 가라는 시늉을 한다. 40년 지기다 보니 표정만으로도 서로의 속내를 안다. 불편했던 마음이 가라앉는다. 한 줌 바람이 불어와 내 마음의 열을 식혀주고 간다.

내가 먼저

사람이 나이가 들면 귀가 순해진다고 했던가. 성질 급한 남편이 요즘 믿어지지 않을 정도로 변하고 있다.

오늘 아침만 해도 그렇다. 출근하는 남편의 아침으로 끓인 밥을 내놓았다. 그래도 남편은 아무 말 없이 식사를 끝내고 출근을 했다. 예전 같으면 어림도 없는 일이었다. 이것도 밥이라고 주는 거냐며 호통을 쳤을 것이다.

아침 식사가 그렇게 된 데에는 나의 불찰이 컸다. '날씨가 추우니 쉬는 날이라도 늑장 좀 부리자.'며 한참을 뒤척거리다가 일어났다. 콧노래를 부르며 느긋하게 밥솥에 밥을 안치고 있는데, 평소처럼 일어나 밖에 나갔던 남편이 들어와 자동면도기를 돌리면서 식사 채근을 하는 것이었다. 달력을 살피니 아차! 출근하는 토요일이 아닌가. 그래, 급한 환자 응급조치하듯이 부랴부랴 찬밥에 물을 붓고 끓여 아침 식사로 내놓았던 것이다. 함께 사는 며느리도 노는 토요일로 착각을 했다고 했다. 결국 주부 둘이서 출근하는 가장에게 끓인 밥을 먹여 보낸 셈이다.

평소 남편은 출근 전에 짐승들을 돌봐 주고, 과수원도 한 바퀴 둘러보아야 성이 풀린다면서 일찍 일어난다. 오늘 아침에도 그는 여느 때와 같이 날이 밝기도 전에 잠자리에서 일어나 밖으로 나갔다. 그때 나는 '출근하지 않는 날에나 늦잠 좀 자두자.' 싶은 생각에 잠자리에서 미적거리다가 늦어진 것이다.

나는 남편의 무뚝뚝한 성격이 늘 불만이다. 거기에다 목소리까지 커서 귀에 익지 않은 사람들은 보통으로 하는 말도 싸우는 것으로 착각할 정도다. 그런 남편에게 '자상하지도 않으면서 말까지 투박하니 멋이 없다.'고 불평을 하면 남편은 오히려 나에게 타박을 한다. 자기는 지극히 평범하고, 내가 오히려 무뚝뚝하다고.

생각해 보면 나도 사근사근한 성격은 아니다. 오늘 아침에 남편이 일어나 나갈 때만 해도 '날도 춥고 쉬는 날이니 늦잠 좀 자자.'고 나의 생각을 말했더라면 오늘이 출근하는 토요일임을 알았을 것이고, 끓인 밥을 먹여 보내지도 않았을 것이다. 남의 흉은 잘 보여도 자기 허물은 눈에 띄지 않는다더니 내가 그런 모양이다. 그러면서 남편의 변화만을 고대했으니 나는 욕심쟁이가 분명하다.

끓인 밥을 먹고서도 아무 불평 없이 출근하는 남편의 뒷모습을 보고 있자니 나도 모르게 웃음이 쏟아져 나왔다. 젊었을 때의 기억이 떠올라서이다.

남편은 식사 때에 밥이 늦으면 유독 불같은 성깔을 부리곤 했다. 언젠가 여름방학 때 함께 일을 하다가 저녁밥이 늦어졌다. 그런데 남편은 자기 혼자서만 일을 하고 나는 놀면서 식사가 늦어진 것처럼 세숫대야를 공중으로 날리는 소동을 벌였다. 그 후부터 나는 일을 하다가도 끼니때가 다가오면 서둘러 식사를 준비하곤 했다.

그런 남편이 변하고 있는 것은 나이 때문일까? 아니면 함께 사는 며느리 덕분일까? 어떻든 그는 달라져 가는데 무뚝뚝한 나의 성격은 아직도 그대로다. 나이가 들면 서로 맞추어 간다는데, 앞으로는 내가 먼저 상냥하게 이야기하며 알콩달콩 살고 싶다.

며느리가 한 말이 생각난다.

"어머님, 오늘 아침에는 아버님이 조금도 안 무서웠어요."

어쩌면 며느리의 그 말이 나를 활짝 웃게 했는지도 모르겠다. 아무려면 어떤가. 남편의 변화되어가는 모습이 마냥 좋기만 한 것을. 박장대소를 하는 내가 거울에 비친다. 분명 낯선 모습인데도 그렇지 않다. 그래 내가 먼저 변하자. 남편이 퇴근해 오면 하하하, 즐겁게 웃자.

실과 바늘처럼

오늘도 남편의 배웅을 받으며 출근을 합니다. 자동차 유리문에 내려앉은 성애를 깨끗하게 닦아 놓은 그이는 내가 탄 차가 산모퉁이를 돌 때까지 대문 밖에 서서 지켜보고 있습니다. 대단한 직장에 출근을 하는 것도 아니고, 마누라가 예뻐 바깥세상에 내놓기가 두려워서가 아닙니다. 내가 어린이집을 운영하니 걱정이 되는 모양입니다. 아침이면 나보다 당신이 시간을 확인하면서 출근을 종용합니다. 시간이 여유롭게 출근을 해야 서두르지 않고 차분하게 아이들을 살피면서 업무도 처리한다는 것이 그이의 생각입니다. 남편의 이런 배려는 경험으로 터득한 것인지도 모릅니다.

아침이면 나의 출근을 서두르는 그이는 45년을 교사로 근무하고 퇴직을 했습니다. 결혼을 하여 야산을 사서 과수원을 조성하다 보니 일이 참 많기도 했습니다. 그뿐만 아니라 거름을 장만하기 위해 짐승까지 키우니 비가 오고 눈이 와도 일이 늘 쌓여 있었습니다. 그이는 새벽 같이 일어나 과수원 일을 했고 풀을 베어 짐승 우리에 넣고, 먹이까지 주고 출근을 했습니다. 수확철이 되면 정말 눈코 뜰 사이가 없었습니다. 과수원은 넓은데 낮이면 일손이라고는 달랑 나 혼자이니 동분서주하다 출근을 했습니다. 그래야만 나의 일손을 덜어 줄 수 있었으니까요.

출근하는 그이를 나는 지금의 남편처럼 배웅을 해주지 못했습니다. 무뚝뚝한 성격 탓도 있었지만 신혼 초에 시어머니와 함께 살다 보니 어른 눈치가 보였습니다. 그러다 아이들이 태어났고, 어떻게 아는지 먹이를 주었는데도 출근 시간이 되면 돼지가 꿀꿀거리며 울어 댔습니다. 우리를 박차고 나와 장독을 들쑤시고 다니는 날에는 배웅은커녕 있던 정신도 없어졌습니다.

지금은 무슨 일이든지 알아서 척척 하는데, 과수원 초창기에는 허둥대기 일쑤였고 일을 배워가면서 하느라 더 힘들었습니다. 남편 역시 학교를 졸업하자마자 직장생활을 했기 때문에 경험이 부족했습니다. 일에 초년병인 우리 부부는 많은 시행착오를 겪으면서 일하는 방법을 배웠습니다. 농기계가 고장 나면 바로 수리를 맡기지 않고 해체를 해서 원인을 밝히고 고쳐서 작동을 시켰습니다. 이웃이 있어도 띄엄띄엄 있기 때문에 도움을 청할 수 있는 처지가 아니었습니다. 그러니 무슨 일이든 손수 하다 보니 경험이 자산이 되었습니다.

과수원을 둘러보던 어느 날 문득 내 앞에 아름드리 감나무가 서 있는 것을 보았습니다. 손가락 굵기의 묘목을 심었었는데 자란 것을 느낄 사이도 없이 손발이 거칠어지고 머리에는 희끗거리는 서리가 내려앉았습니다. 세월의 무상함을 느낄 즈음 나는 새로운 일자리에 도전을 했습니다.

내게 도전은 시련 그 자체였습니다. 그래도 그 시련을 포기할 수가 없었습니다. 밟히면 밟힐수록 강해지는 겨울날의 보리처럼 어려움이 닥칠 때마다 푸르름이 보였습니다. 지금 당장 어렵다고 포기를 하면 몸은 수월할지 모르나 무슨 일도 할 수가 없을 것만 같았습니다. 수많은 담금질을 통해 도구가 만들어지듯이 남편을 설득하고 아들에게도 권했습니다. 가족이 힘을 모아 함께 해보자고.

과수원에 내 혼과 젊음이 그대로 녹아 있으니 이제는 내가 하고 싶은 일을 지원해 주어야 하지 않겠느냐는 나의 청을 남편이 받아 주었습니다. 과수원을 일구던 때처럼 어려움이 도처에 사리고 있었습니다. 그때마다 포기할 거라면 시작도 하지 않았다고 자신에게 채근을 했습니다. 그래서 남편이 열의를 가지고 내가 하는 일에 최선을 다할 수 있도록 외조를 해줍니다. 아침이면 나의 출근시간을 챙겨주고, 하루의 안전을 바라는 마음으로 나의 출근길을 지켜보고 있는 것입니다.

내가 근무에 충실하도록 보살펴 주는 그이는 우리 집의 대장입니다. 대장의 보호 속에 나는 오늘도 아이들과 왁자지껄하게 하루를 보냈습니다. 남편 또한 어린이집 아이들이 먹을 채소를 가꾸며 또 다른 삶의 기쁨을 누립니다. 여태까지도 그랬듯이 우리 부부는 앞으로도 실과 바늘처럼 살아갈 것입니다.

홍등

비가 옵니다. 이렇게 비가 오기를 학수고대 기다리던 때가 있었습니다. 가뭄으로 곡식이 타들어 갈 때는 소나기가 한 줄금 쏟아지기를 간절히 바랐습니다. 목이 말라도 빌빌 꼬이는 곡식들 앞에서는 차마 물을 먹을 수가 없었습니다. 그런데 오늘 오는 비는 반갑기는 커녕 천연덕스럽습니다. 가을을 느끼기도 전에 비가 그치고 나면 기온이 떨어진다는 기상대의 일기예보가 있었기에 내리는 비가 더욱 야속합니다.

가을만 되면 욕심을 부리곤 했는데 올해도 예외가 아닙니다. 날씨가 추워지면 내가 욕심을 부려가면서까지 보고 싶은 것을 볼 수가 없으니 오늘 오는 비가 싫은 것입니다. 과수원지기였던 나는 과수원에 붉은 등이 켜지면 저절로 신이 났습니다. 먹는 것도 좋았지만 보는 것 그 자체만으로도 넉넉한 마음으로 가을을 즐겼습니다. 화려한 옷을 입었을 때도, 맛있는 요리를 먹었을 때도 가슴 한 편 비어있는 느낌이었습니다. 가슴이 가득 채워지지 않았습니다. 그런데 과수원에 감이 붉게 물들어 가는 모습을 보기 시작하면 가슴이 가득 채워지는 느낌이 들었습니다. 그러다 날씨가 추워져 서둘러 수확을 마치고나면 가슴은 공기 빠진 풍선을 안고 있는 것 같습니다.

추위가 채 가시지도 않은 이른 봄부터 과수원에 발이 닳도록 다니며 거름 주고 잡초 뽑고 농약을 살포합니다. 감나무 주위는 유독 풀이 무성합니다. 잡초도 거름기가 많은 땅에는 염치도 없이 뿌리를 잘 내립니다. 뽑고 돌아서면 나와 경주라도 하는 양 어느 틈에 또 자리를 잡고 움을 틔웁니다. 그렇게 잡초와의 전쟁을 하면서 병충해도 살펴야합니다. 잡초 제거는 날씨에 신경을 쓰지 않고 해도 되지만 농약살포는 일주일 후의 일기예보까지 신경을 써야합니다. 그래야 효과가 크기 때문입니다.

과수원지기는 늘 일속에 묻혀 살아야 합니다. 수확이 끝나면 과수원의 화려함은 마음속에 잠겨두고 감나무 전정을 합니다. 바람이 매섭게 부는 날에도 곡예사가 줄을 타듯이 감나무에 매달려 가지치기를 합니다. 이 일이 마무리 되면 거름주기를 합니다. 때로는 바람에 흙먼지가 눈에 들어가면 쭈그리고 앉아 아픔이 가시기를 기다리기도 합니다. 그러면서 잡초와의 시합이 시작됩니다. 과수원이 넓다 보니 한쪽에는 거름도 하지 못했는데 다른 한쪽에는 잡초가 무성해집니다. 나무에 거름을 하는데 한사코 잡초도 함께 먹겠다는데 도리가 없습니다, 얌체꾼은 잡초만이 아닙니다. 병충해도 한몫 끼겠다고 달려드는 통에 과수원지기는 일에 파묻히기 마련입니다.

날씨가 추우면 추운 대로, 비가 오면 비가 오는 대로 나무가 열매 맺고 커가는 과정을 살핍니다. 감똘개가 떨어지고 아기 가슴처럼 밋밋하던 감이 점점 커가는 모습을 보면서 과수원지기의 고달픔은 잊고 어느새 홍등에 취할 날을 기다립니다. 그러다 과수원에 일제히 홍등이 켜지면 밤에도 나와 감상을 합니다. 홍등이 붉은지, 달이 밝은지, 내 마음이 춤을 추는지. 어느 것이라도 상관없이 그저 보는 그 자체만으로도 황홀경입니다.

메뚜기가 한 철이듯 나의 황홀경도 날씨가 추워지면 초조해지기 시작합니다. 애써 키우고 가꾼 과수원의 수확을 서둘러야 합니다. 그러면 초조해지기 시작합니다. 기온이 영하로 내려가기 전에 수확을 끝내야 하기 때문입니다.

수확이 끝나고 나면 더 이상 홍등을 볼 수 없는 아쉬움에 한동안 가슴이 아립니다. 홍등은 눈앞에서 어른거리는데 과수원은 썰렁한 바람만 봅니다. 눈에 익은 홍등을 상상하면서 가슴에서 이는 바람을 잠재웁니다.

비가 오면 홍등이 사라질 날이 가까워지니 비가 오는 것이 싫은 것입니다. 비를 맞으며 이제 붉게 물들기 시작하는 과수원을 거닙니다. 비속에서도 과수원이 화려합니다. 어느 옷이 이 보다 더 화려하겠습니까. 내 마음의 옷을 입고 있는 과수원에게 비가 와서 미안하다고 대신 말을 합니다. 홍등이 일제히 괜찮다고 손사래를 칩니다.

비가 어서 그치기를 바래봅니다. 더불어 기온도 떨어지지 않기를 바라는 것이 욕심일까요. 그래도 그 욕심 버리고 싶지 않습니다. 추위를 재촉하는 비가 그치기만을 바랄 뿐입니다.

병아리야 미안해

몇 번이나 밖을 내다보며 비가 오는지 확인을 한다. 고양이가 마당에 있는지 없는지 파악하는 것으로 확인이 끝난다. 장마처럼 비가 오니 주린 배를 채우려고 비가 그치면 고양이가 마당을 활보하며 먹잇감을 찾기 때문이다.

오락가락하던 비가 멈추니 기다렸다는 듯이 고양이가 마당에 엎드려 사냥 채비를 한다. 어디서 날아왔는지 새 한 마리가 사뿐히 앉는다. 때를 놓칠세라 고양이가 쏜살같이 달려드니 새가 푸드득 난다. 허망한 눈으로 바라보는 고양이한테 힘이라고는 없어 보인다. 전깃줄에 앉는 새가 자기한테는 날개가 있다는 것을 알려주기라도 하는 양 날개를 파닥거린다. 약이 오른 고양이가 야옹거리며 노려본다.

고양이 앞에 뭔가가 떨어진다. 참새 똥인 줄 알 리 없는 고양이가 코를 벌름거린다. 참새가 재미난 구경거리라도 되는 것처럼 고양이를 내려다본다. 꼬리를 꼼지락거리며 화를 삭이던 고양이는 금방이라도 뛰어나갈 태세다.

언제부터 동거를 했는지 알 수 없는 고양이가 우리 집에 예닐곱 마리가 산다. 개체 수가 늘어나니 늘 먹잇감을 호시탐탐 노린다. 사람이 지나가면 야옹거리며 자기의 존재를 알린다. 이를테면 먹이 구애를 하는 것이다. 음식물 찌꺼기를 나무 밑에 내다 놓으면 닭보다 먼저 차지하려고 쏜살같이 달려온다.

남편은 고양이한테 호의적이다. 개밥을 사방에 흘려 놓기도 하고 아예 밥그릇을 정해 놓고 먹이를 주기도 한다. 도움은커녕 훼방만 놓는 고양이한테 왜 밥을 주느냐고 하면 살아있는 짐승이 배를 곯으면 되겠느냐고 한다. 그래도 난 고양이가 싫다. 개밥을 먹는 것까지는 봐 줄만 했다. 그런데 저항능력이라고는 없는 병아리를 밤이면 습격하여 먹잇감으로 해치우는 것은 용서가 안 된다.

알에서 갓 깨어난 병아리를 보고 있으면 마음이 그렇게 평화로울 수가 없었다. 노란 공이 굴러가는 것 같기도 하고 꽃밭에서 꽃구경을 하는 것 같기도 했다. 무엇보다 생명의 신성함과 모성애가 내 마음을 정화시켜 주었다. 보고 또 봐도 에너지가 충전되었고, 선하게 살라고 타일러 주는 것도 같았다. 퇴근해 오면 병아리부터 찾았고 어미닭에게 고마운 마음에 눈인사도 했다. 어린 병아리를 살피느라 온종일 배나 채웠을까 싶어 어미닭한테 모이를 듬뿍 주었다. 내가 지켜보고 있으면 어미닭이 마음 놓고 먹이를 쪼아 먹는 것 같아 측은하기도 했다. 늘 앞장서 걸으면서 병아리들을 호위하고 매의 눈으로 바라보는 고양이를 경계하였다. 위험이 감지되면 닭 특유의 소리를 내며 쏜살같이 달려가 날개를 펴서 사납게 달려들며 병아리를 지켰다. 그 모습은 사람이 위험에 처한 자기 자식을 구하는 모습과 다를 바 없다. 한참을 그렇게 다니던 어미닭이 고양이를 보더니 쫓아간다. 고양이가 줄행랑을 한다. 말 못하는 짐승도 새끼를 잃은 설움을 감출 수가 없나 보다. 나무 밑에서 살금살금 다가오는 고양이한테 나는 돌팔매질을 한다. 나도 이렇게 화가 나는데 병아리를 잃은 어미닭 심정은 오죽하랴.

한더위에 알을 품으면서 견뎌낸 고생은 차치하고라도 그 사랑스런 자식을 잃은 설움을 어찌 달랠까. 실성한 사람처럼 어미닭도 정신이 반은 나갔다. 자식 잃은 어미의 심정을 어찌 짐작이나 할까만 핑그르 흐르는 눈물이 내 마음을 대신해 준다.

안전하게 보호해 주지 못한 무능함이 귀중한 생명을 잃게 했다. 노니는 모습에 정신 팔려 있을 것이 아니라 처소에 더 신경써야 했다.

"소 잃고 외양간 고친다."는 말이 왜 이리 가슴에 와 닿을까. 나의 무능함이 애먼 목숨을 잃게 했으니 내가 죄인이다.

"미안하다, 병아리들아, 너희를 지켜주지 못해. 용서해 달라는 말은 염치없어 못 하겠다."

저만치서 병아리들이 달려올 것만 같은데, 어미닭은 지쳤는지 풀썩 주저앉아 일어날 줄을 모른다.

반갑다, 병아리야

눈을 비비고 몇 번을 확인했다. 분명 어미 닭이 아니다. 병아리는 더더욱 아니다. 순간 마음이 울컥해진다. 많은 날들을 죄책감에 혼자 미안해 했었는데 이제 그 구덩이에서 헤어난 기분이다.

더위가 기승을 부리던 7월 말이었다. 어미닭이 병아리 일곱 마리를 앞세우고 마당에 입성을 했다. 반갑고 기쁜 마음도 하루뿐이었다. 이튿날 달랑 한 마리만 어미 곁에 있었다. 그 한 마리마저 신변이 위태롭기 짝이 없었다. 사방에서 고양이가 목을 빼고 넘보고 있었기 때문이었다.

뜰채로 어미닭과 병아리를 낚아채었다. 그러나 두 마리를 한꺼번에 뜰채 안에 가두기는 쉽지 않았다. 병아리는 빨랐다. 어미닭은 병아리를 보호하느라 도망을 가지 못하는데 병아리는 빠르게 움직였다. 어미닭을 닭집에 가둬 놓고 병아리를 찾았다. 주위 풀숲을 30여 분 정도 헤매다 출근시간이 되어 하는 수 없이 어미닭을 다시 풀어 주었다. 그날 이후 병아리도 어미닭도 눈에 띄지 않았다.

오히려 병아리를 사지로 내몬 꼴이 되어 가슴에 바윗덩어리를 안고 있는 기분이었다. 애꿎은 고양이들한테만 분풀이를 했다. 고양이가 눈에 띄기만 하면 손에 잡히는 대로 돌멩이를 집어던지며 집 근처에 얼씬도 못 하게 했다.

날이 갈수록 죄책감이 가슴을 더 옥죄었다. 내가 해 줄 수 있는 일은 안전하게 살 수 있는 집에서 다시 태어나기를 기도해 주는 것밖에 없었다. 오늘도 나도 모르게

“병아리야, 미안해.”를 읊조리며 마당을 걷고 있는데 눈앞에 닭 두 마리가 있는 게 아닌가. 그 앙증맞던 병아리가 분명했다. 닭도 병아리도 아닌 중간 크기의 닭으로 자라 내 앞에 나타난 것이다. 그리고는 나에게 건재하다는 것을 과시라고 하는 양 다리를 쭉 뻗으며 어미닭과 장난을 쳤다. 이렇게 반가울 수가 있단 말인가. 얼른 쌀을 한 줌 가져와 앞에다 뿌려주었더니 구구거리는 소리도 내지 않고 모이를 쪼아댄다. 그 모습을 보니 목이 마르겠다는 생각이 든다. 물을 떠다 주니 물 한 모금 먹고 하늘 한 번 쳐다보고 또 물 한 모금 먹고 하늘을

올려다본다.

그동안 어디서 어떻게 살았는지 알 수가 없지만 어미닭이 놀라 풀숲에 숨어있는 병아리를 찾아내어 되도록 집과 먼 곳에서 자력으로 배를 채우며 산 것이 분명하다. 그러다 이제 이만하면 어디에서도 내 몸은 내가 지킬 수 있다는 자신감에 다시 마당으로 돌아 온 것일 게다.

일정한 간격을 사이에 두고 두 마리가 움직인다. 어미닭이 늘 앞장선다. 걷다가도 따라 오는지 뒤를 돌아보며 꼭꼭 어미닭이 확인을 한다. 마당 주위에서 노는 모녀 사이를 헤집고 장닭이 한 마리 온다. 아마도 아비인 모양이다. 어미닭도 장닭을 순순히 받아들인다. 세 마리가 함께 있는 것을 보니 더 마음이 놓인다.

해가 설핏해지니 사방을 두리번거린다. 불안해 그러나 싶어 눈을 떼지 못하고 있는데 나무로 날아오른다. 이제 고양이 밥을 면한 것 같아 마음이 놓인다. 어미닭과 나란히 동백나무가지 앉아 있는 모습이 대견하다.

"병아리야, 반갑다. 이제부터 우리 헤어지지 말고 서로 눈앞에서 살자." 내 말을 알아들었는지 눈을 꾸뻑거린다.

완벽한 일가족이다. 어미닭과 장닭이 깃을 비비댄다. 그들만의 사랑법인가 보다.

식구 수도 모르면서

막 현관을 나오는데 전화가 울렸다. 운동화 끈 풀기가 번거로워 못 들은 척하고 밖으로 나갔다. 이번에는 호주머니에서 휴대전화가 울렸다. 귀에 대기가 바쁘게 식구가 몇이냐고 친구가 물었다.

"몰라, 세어봐야 알지."

"이 바보야, 세상에 식구 수도 모르는 사람이 어디 있냐."

"그럼, 모르는 것을 모른다고 하지 어떻게 해."

"그러지 말고 병원에 한번 가 보자. 증세가 어디까지 진행되었는지 알아야 치료도 받을 것 아니냐."

기가 막혀 아무 말도 못하고 있는데 병아리들이 주위를 에워쌌다. 얼른 모이를 주고 숫자를 세는데 귀가 따가웠다. 휴대전화가 켜진 채

숫자를 세다 병아리들이 한쪽으로 우르르 몰리면 다시 세기를 반복했더니 친구가 고함을 질렀다.

"이 바보야, 이 바보야. 어떻게 할 거야 어떻게 해."

하더니 갑자기 울음을 터뜨렸다. 동문서답하는 친구가 하는 말이 무엇을 의미하는지 알 수 없었다.

병아리들과 한참을 어울려 놀고 있는데 흰둥이가 목청껏 짖어댔다. 토끼 귀를 하고 주위를 살피는데 인기척이 났다. 얼른 얼굴을 내밀지 않고 동태를 보는데 낯익은 얼굴이 눈에 띄면서 조금 전에 친구가 했던 말이 생각났다.

"바보, 어떻게 있는지 확인하러 온 거야."

하며 나무 밑에서 허리를 숙이고 나온 후, 저벅거리며 걸어오는 친구 옆에서 닭이 후드득 날았다. 친구가 놀라 소리를 지르며 방향을 바꾸어 나 있는 쪽으로 오는데, 다른 닭이 털을 부풀리고 친구에게 달려들 기세를 했다. 기겁을 하며 놀란 친구가

"이래서 네가 정신이 없어졌구나."

하며 도망가는 친구 등에다 대고 그 자리에 가만히 서 있으라고 했다. 닭이 어디서 어떻게 할지 모르기 때문이었다.

친구가 우리 집 닭이 이상하다고 했다. 사람을 놀라게 한다는 것이 이유였다. 웃음이 나와 헤실헤실 웃으니 정신없는 사람을 보듯 쳐다

보았다. 닭이 알을 품고 있다 낯선 사람이 다가오니 놀라 날아가고, 병아리를 품고 있다 제 새끼를 보호하기 위해 사람에게 달려드는 것을 알 리 없는 친구는 의아한 눈빛으로 나의 행동을 살폈다.

자연 그대로인 채로 살고 있는 우리 집은 닭이 알을 아무데서나 낳고, 그 알을 품었다. 그러다 병아리가 하루 이틀 간격으로 다섯 배가 깨어났고, 그때마다 병아리 수를 파악하지 못했다. 모이로 닭 식구를 불러 모아도 제 새끼를 보호하느라 어미가 병아리를 품고 앉으면 셀 재간이 없었다. 먼동이 트기도 전에 제 집에서 나와 사방에 흩어져 모이를 쪼아대고, 퇴근해 오면 병아리들이 어미 품속에 들어가 있는데 어떻게 세어 본단 말인가. 품은 계란 수를 알면 병아리 숫자를 대강 짐작이라도 하련만 그것도 모르는 사람들이 하기 쉬운 말이다. 어디에서 알을 품고 있는지도 모르는데 짐작도 근거가 있어야 하지 않겠는가. 어제 식구 다르고 오늘 식구 다른데, 어미 품속에 병아리가 몇 마리 있는지 헤아릴 수가 없는데, 식구가 몇이냐고 물으니 모른다고 할 수밖에.

모이를 주면서 닭을 부르니 여기저기서 어미 닭과 병아리들이 모여들었다. 병아리가 종종거리며 달려오는 모습을 본 친구가 귀엽다고 입에 침이 마르도록 칭찬을 하더니 수를 세었다. 한참을 이리 세고 저리 세던 친구가

"아무리 세어도 못 세겠다. 주인도 못 세는 것을 내가 어찌 세겠냐."

"나는 바보라 못 세지만 너는 왜 못 세는데."

"나는 이런 줄도 모르고 혜영이가 네가 좀 이상한 것 같다고 해서 그런 줄 알았지."

며칠 전 서울에 사는 친구 혜영에게서 전화가 왔다. 넓은 집에서 둘이 살면 적적하겠다고 해서 식구가 많이 늘어났다고 했더니 몇이냐고 물었다. 정확한 수를 모른다고 했는데 혜영이는 내가 이상했던 모양이다. 혜영이가 친구에게 전화를 하여 내가 아무래도 정상이 아닌 것 같으니 병원에 가서 진단을 받아보는 것이 좋겠다고 했단다. 그래서 친구도 나한테 식구가 몇이냐고 물었는데 내가 또 모른다고 해서 가슴이 철렁했다는 것이다.

식구 수도 모르고, 친구들에게 본의 아니게 걱정을 끼쳤지만 나는 천생 시골에서 살 운명인가 보다. 짐승들 먹이주고 보살피는 것이 귀찮기는커녕 함께 어울려 사는 것이 마냥 좋기만 하니 말이다. 헤죽헤죽 웃는 나를 친구들이 정신없다고 할망정 병아리가 커가는 것을 지켜보는 재미를 그들이 짐작이나 하겠는가.

색깔 때문에

눈동자가 바삐 움직인다. 병아리들의 몸놀림도 부산하다. 세고 세기를 거듭해도 정확한 병아리 수를 모르겠다. 이리저리 움직이다 어미 품속으로 쏙 들어가 버리니 도무지 숫자 파악이 안 되는 것이다. 꼭 나와 숨바꼭질을 하는 것 같다.

나의 궁금증을 어미 닭이 알았을까? 조심스레 일어나더니 겅중겅중 걷는다. 병아리들이 흩어진다. 때를 놓칠세라 얼른 수를 센다. 한 번을 세고 두 번을 세고 세 번을 세어도 숫자가 같다. 어제보다 두 마리가 늘어나 여덟 마리다. 어제는 어미닭이 앉아있는 상태에서 헤아렸고, 오늘은 알 품은 곳에서 나와 있는 것을 세었으니 더 이상 변동은 없을 것이다. 설사 변동이 있다 해도 기분 좋은 변화다.

궁금증을 풀고 나니 어미닭이 날개를 접고 앉는다. 병아리들이 우르르 품속으로 들어간다. 그리고는 머리를 갸웃이 내민다. 나도 따라서 머리를 이리저리 움직인다. 품속을 들락거리던 병아리들이 나를 바라본다. 나도 병아리를 본다. 순간 한 마리와 눈이 마주친다. 병아리가 움칫한다. 놀란 모습이라기보다 신기한 것을 본 그런 표정이다.

기분이 좋다. 병아리 수가 늘어나서 좋고, 아침 이슬처럼 맑은 눈과 마주쳐서 좋고, 건강해서 좋으며, 무엇보다 같은 옷을 입어서 더욱 좋다. 어미는 하얀 색깔인데 병아리들은 모두가 노랗다. 날개나 꼬리 부분에 다른 색의 깃털이 한 마리쯤은 있을 법도 한데 여덟 마리 모두가 노랗게 칠을 해 놓은 것 같다. 앞서 깬 다섯 배의 병아리는 깨어난 날짜가 다르고 색깔도 달라 구분이 되었는데 어제 깬 병아리들은 이 병아리가 저 병아리 같고, 저 병아리가 이 병아리 같다. 모두 제 어미닭이 낳은 알에서 깨어나서 그런 모양이다.

전에 토끼를 키우던 집에 연장을 보관했다. 그런데 별스럽게도 닭 한 마리가 연장 틈으로 들어가더니 그 속에서 알을 낳았다. 날마다 하나씩 늘어나는 달걀을 보면서 꺼낼까 말까 망설이다 그만두었다. 사람 손을 탔다 싶으면 알자리를 옮겨서 그만 두었는데 어미닭은 한적하면서도 외부로부터 방해도 받지 않은 그곳이 오히려 편했는지 거기서 알을 품었다. 호미며 낫을 한쪽으로 옮기고 어미닭 앞에 모이와

물을 떠다 주면 본 체도 하지 않았다. 그러다 기운이 없어 허기지면 어쩌나 걱정을 했는데 한낱 기우였다. 이튿날이면 모이 그릇이 바닥을 드러냈다.

그뿐만 아니라 신기한 변화가 있었다. 모이를 주기 전에는 한 방향으로만 앉아 알을 품고 있어 혹시 죽은 것이 아닌가 싶어 막대기로 닭을 건드려보기도 했는데 알가리에서 모이를 먹은 후부터는 하루씩 방향을 바꾸어 앉았다. 어미닭이 알을 굴린다는 말은 들었어도 방향을 바꾸어 앉는 것은 처음 보았기에 신기했다.

병아리 소리가 나는지 유심히 살피기를 이틀째, 그날도 모이를 주고 돌아서려는데 어미닭 뒤에 달걀이 있는 것이 눈에 띄었다. 그 찰나에 눈길을 끄는 것이 있었다. 노란 병아리 한 마리가 어미 품속에서 머리를 살며시 내민 것이다. 얼마나 반갑던지 가만히 보고 있는데 또 한 마리가 머리를 내미는 것이 아닌가. 어미닭 뒤의 달걀에 눈이 갔다. 아뿔싸, 달걀은 병아리가 깨고 나온 껍데기였다. 껍데기는 세 개인데 병아리는 두 마리밖에 보이지 않았다. 어미닭이 날개며 꼬리가 움직이는 방향을 따라 나의 눈도 움직이는데 두 마리가 어미닭의 날갯죽지에서 머리를 내미는데 꼬리부분에서 한 마리가 나온다.

한참 만에 수 세기를 마치고 집안으로 들어와 아침을 먹는데 궁금해서 참을 수가 없어 또 갔다. 병아리들은 여전히 어미 품속을 들락거리며 나와 숨바꼭질을 한다.

밥을 먹다 말고 나가서 한참 만에 히죽히죽 웃으며 들어오니 남편이 멀거니 쳐다본다. 병아리가 깨어났다고 하니 내 말이 끝나기가 바쁘게 남편이 나간다. 남편도 수 세기를 하고 또 할 것이다. 보는 재미와 세는 재미에 푹 빠질지도 모른다. 아무려면 어떤가. 이 무더운 날에 싱싱한 생선을 먹은들 이처럼 맛있을까, 몸에 좋다는 보약이 이보다도 더 좋은 느낌일까?

남편의 입도 벙글어진다. 우리 부부는 히죽히죽 웃다 수를 세고, 수를 세다 히죽거리며 바보가 된다. 그렇게 세기를 반복했는데 오후에 세어 보니 다섯 마리였다. 들어가기 전에 마지막으로 한 번 더 세었을 때는 여섯 마리였다.

그런데 오늘은 여덟 마리다. 어제는 알가리에 어미닭이 앉아있는 상태에서 헤아렸는데, 오늘은 병아리들을 데리고 집에서 나온 것을 세었다. 한 자리 숫자를 가지고 그토록 숫자 세기를 반복한 것은 병아리들의 옷 색깔 때문이다. 모두가 한결같이 같은 색깔인데다 어미 품속에서 놀고 있으니 온전히 셀 수가 없었던 것이다.

태어난 지 이틀 된 병아리들이 여기도 기웃 저기도 기웃거린다. 어미닭 눈이 병아리를 따라 구슬이 굴러가듯 움직인다. 어미닭도 나처럼 병아리들 색깔이 같아서 얼른 파악을 못 할지도 모른다. 어미닭의 마음을 아는지 모르는지 똑같은 옷을 입은 병아리들이 더운 줄도 모르고 파닥거리며 놀고 있다.

아픔 잊은 노래 교실

주미를 보고 있으면 웃음이 절로 나온다. 말 한마디 행동 하나하나가 마음에 쏙 들었다.

오늘은 일요일이라 주미가 일찌감치 와서 웃음을 퍼뜨렸다. 빈 침대에 올라가 노래를 부르고 춤도 추었다. 손놀림이며 허리 돌리는 폼이 예사가 아니었다. 내 눈으로 직접 보았으니 망정이지 초등학교 2학년의 춤사위라고 믿기지 않았다. 무슨 노래가 듣고 싶으냐며 신청곡도 받았다. 제목을 말하던 눈을 한두 번 깜빡이고는 이내 고운 목소리로 노래를 불렀다.

분위기 파악도 잘 하는 주미는 내가 입을 오물거리면 물 먹고 싶지 않느냐며 물을 권했고, 몸을 들썩거리면 휠체어 옆을 서성이며 화장실에 가고 싶지 않으냐고 물었다. 제 엄마가 성가시게 하지 말라고 하면 등 가려울 때 긁어 주면 얼마나 시원한 줄 아느냐며 눈을 찡긋했다. 생판 남남인 내가 봐도 귀엽기 짝이 없는데 가족은 오죽하랴 싶었다.

옆 침대의 창촌 할머니는 어깨에 통증이 오면

"아이고 우리 손녀가 있으면 이 고통은 모를 건데." 하며 한숨을 쉬곤 했었다. 도대체 손녀가 어떻게 해주기에 저런 말씀을 하실까 싶었는데 주미의 출현과 함께 그 궁금증이 없어졌다.

볼이 오동통한 주미는 여느 학생들처럼 학교 수업이 끝나면 무용학원을 다녀와서 텔레비전을 시청한단다. 즐겨보는 것은 예능프로그램인데 그냥 재미로 보는 것이 아니라 새로운 동작을 배우기 위해서라고 했다. 어른스런 말에 어떤 동작을 배웠느냐고 물었더니 손바닥을 유연하게 앞뒤로 뒤집고 팔도 꼬아댔다. 무용 학원에 가면 친구들끼리 새로 배운 동작을 자랑하고, 때로는 혼자 생각해 낸 것을 몸짓으로 표현도 한다고 했다.

주미의 말을 듣고 있자니 은근히 샘이 났다. 그도 그럴 것이 내가 어쩌다 노래를 부를라치면 음정과 박자가 따로따로였고, 동작 또한 전봇대처럼 꼿꼿해서 볼품이 없었다. 노래를 부르고나서 새로 발표한 신곡이라고 서툰 변명을 하면 사람들은 마지못해 박수를 쳐주곤 했다.

저마다 한 가지 끼는 있다는데 나는 아무리 생각해 봐도 끼라고는 없는 것 같다. 초등학교 2학년인 주미도 사람을 사로잡는 매력이 있는데 나는 왜 없을까 생각해 본다. 실마리가 풀린다. 원인은 노력 부족이었다. 귀염둥이도 텔레비전을 보면서 동작을 배운다는데 나는 배우지도 않으면서 못한다고 지레 결론부터 내렸다. 노래 잘 부르는 사람을 부러워할 줄은 알면서 어찌 부지런히 연습할 줄은 몰랐을까?

평균 수명이 늘어나 100세 시대가 되었다. 인생주기로 볼 때 현재 나는 반환점을 돌았다. 남은 지점까지의 거리나 시간은 알 수 없지만 나의 노력 여하에 따라 남은 삶의 질이 달라질 수 있다. 이왕이면 재미있게 즐기면서 내 남은 생을 살고 싶다. 귀염둥이처럼 사람들에게 웃음보는 터뜨리지 못할지라도 함께 즐기는 데 방해는 되지 않아야겠다.

귀염둥이가 한참 노래와 춤으로 흥을 돋우더니 나한테 노래를 불러보라고 했다. 또 물러서려는 찰나 자신감을 확 낚아채고 "나의 살던 고향은 꽃 피는 산골…."

창촌 할머니가 목소리를 보태고, 주미도 합창을 했다. 병실이 노래교실이 되었다. 오늘은 노래를 다 부르고 나서 신곡이라는 변명을 하지 않았다. 창촌 할머니가 바통을 이었다. "나리 나리 개나리 입에 따다 물고요…." 주미가 손을 모아 꽃 따는 흉내를 내며 노래를 불렀고, 나도 목소리를 보탰다. 혈압기를 든 간호사가 병실로 들어서다 말고 무슨 노래잔치냐고 물었다. 귀염둥이가 서슴없이 아픔 잊는 노래 교실이라고 했다.

간호사가 창촌 할머니 혈압을 쟀다. 나는 콧노래를 부르며 발돋움하려는 자신감을 일으켜 세웠다. 주미처럼.

가족의 정

추석날 오후. 마당을 들어서니 전화기가 울린다. 누구일까?

"수환이 어밉니다. 바쁘실 텐데 우리 아들까지 챙겨 주셔서 감사합니다. 수환이가 세상에 태어나서 제일 맛있는 송편을 먹었다고 자랑을 해댑니다."

코끝이 찡해 온다. 명절 음식으로 송편을 주었는데, 수환이는 마침 출출한 참이었다며 먹더니 어느새 자기 어머니에게 전화를 걸어 자랑을 한 모양이다.

내가 운영하는 원룸에 들어와 사는 학생들 가운데 추석에 집에 가지 않은 학생은 수환이뿐이다. 대학 2학년인 수환이는 학교와 일하러 갈 적을 제외하고는 늘 방안에서 공부만 하는 청년이다. 친구들과 어울려 놀이문화도 즐기고, 젊음도 만끽하고 싶을 터이지만 부모님을 도와드리는 것은 오직 한 가지라면서 공부에만 매달린다.

수환이와 인연을 맺은 것은 지난 2월 말경이다. 대학생 셋이 원룸을 구하러 왔을 때였다. 세 사람이 함께 방을 쓰면 친구 사이에 틈이 생길 수도 있다고 했더니

"조금씩만 양보하면 염려하는 일은 없을 것"이라고 수환이가 말했다. 결국 세 학생들은 한 방을 쓰게 되었는데, 수환이는 자기 말에 책임이라도 지듯 쓰레기를 버리고 청소를 하는 등 궂은일을 도맡아 했다.

수환이의 부모님은 강원도에서 농사를 짓는다고 했다. 요즘은 형편이 어지간하면 자식들을 대학에 보내지만, 농사를 지으면서 대학에 보내기는 수월한 게 아니다. 그것을 아는 수환이는 공부에만 매달리더니 가을 학기에는 장학금을 받았단다.

수환이는 명절인데도 집엘 가지 않았다. 아무리 대학생이라고 어찌 집과 가족이 그립지 않겠는가. 전라도 광양에서 강원도까지 가는 차비가 만만치 않다. 나는 수환이 마음을 안다. 그 여비를 동생에게 용돈으로 붙여주고 다음 학기에도 장학금을 받기 위해 책에 매달릴 요량이라는 것을.

수환이는 가족을 생각하는 정이 아주 끈끈하다. 그에게는 거동이

불편한 동생이 있는데, 버스를 타야 등·하교를 할 수 있다고 했다. 어려서부터 그걸 보아온 수환은 본인이 힘든 것은 얼마든지 참을 수 있지만, 동생에게만은 가난의 그림자를 걷어주고 싶다고 했다.

지난 주말이었다. 쓰레기를 정리하다 멀쩡한 운동화가 있어 세탁하여 주었더니 앞으로 일 년 동안은 신발 걱정을 하지 않아도 되겠다며 좋아했다. 절룩거리며 걷는 동생도 그런 운동화를 신으면 발이 가벼워 좋지 않겠느냐며 머리를 긁적이던 모습이 오래도록 지워지지 않았다.

객지에서 혼자 학비를 마련해 가면서 공부하는 처지에 자기의 욕구를 억누르며 가족에게로 그 방향을 잡기란 쉬운 일이 아니다. 그런 수환에게 내가 도와 줄 수 있는 일은 다소간의 음식을 나누어 주는 것이다.

수환에게 비하면 나는 많은 것을 누리고 살면서도 가족의 정이 수환이에 미치지 못한다. 백 세 넘은 시어머니와 몸이 불편하신 여든 넘은 친정어머니가 계시는데, 의례적인 행사치레로 두 분 어머니를 간혹 찾아뵙는 것이 고작이다.

지금도 자식들이 가면 한 가지라도 더 먹여 보내려고 어머니는 애쓰시는데, 자식들의 부모를 향한 마음은 상황에 따라 달라지니 어찌 자식 노릇을 제대로 한다고 할 수 있으랴.

수환이는 학비를 마련해가면서 공부를 하면서도 가족을 챙기는데,

나는 말로만 부모님들을 위한다고 할 뿐, 실제 행동은 그렇지 못하다. 부모님이 언제까지나 내 곁에 계셔주지 않는다는 것을 알면서도.

둥근 보름달을 보며 수환이의 가족 사랑을 다시 생각한다.

5.

횃대에 오르다

눈이 휘둥그레졌다. 정말 믿기지 않은 광경을 보았기 때문이다. 부화된 지 3주일 남짓한 병아리가 어미와 나란히 횃대에 앉아 있었다. 땅바닥에 붙어있는 것도 아니고 1미터쯤 높이의 횃대라 도저히 믿기지가 않았다. 어미닭을 졸졸 따라다니며 먹이를 쪼아대다가도 어미와 거리가 멀어지면 잰걸음으로 쫓아갔다. 한 번도 나는 모습이라고는 본 적이 없는 병아리다. 하도 신기해 넋을 잃고 바라보고 있으니 보란 듯이 미동도 하지 않고 앉아 있다.

아직 병아리 티도 벗지 않은 그 여린 날개로 어떻게 도전을 했을까. 어미가 올라앉으니 위험을 무릅쓰고 날갯짓을 한 것일까? 아니면 홀로서기 연습을 한 것일까? 집안으로 들어와서도 횃대에 앉아있는 병아리가 궁금해 다시 갔다. 고개를 갸웃거리며 쳐다보고 있으니 인사를 하듯 목을 쭉 빼었다.

우리 집 닭은 여느 집과 다른 환경에서 산다. 닭집이 있지만 온종일 넓은 과수원을 돌아다니며 먹이를 쪼아대고, 나무 그늘에서 놀고먹기를 반복한다. 먼동이 트면 닭장을 나온 닭들은 해가 서산에 둥둥 걸치면 어김없이 제 집으로 돌아간다.

병아리는 알에서 깨어나면 어미를 따라다니고 모이도 주워 먹는다. 위협을 느끼면 달리기도 하고 무리에서 멀어지면 한사코 합류를 한다. 그런데 사람은 태어나서 말도 못하고 몸도 가누지 못한다. 뿐만 아니라 혼자의 힘으로 할 수 있는 것이라고는 싸는 것 밖에는 없다. 그런데도 세상을 지배하는 것은 짐승이 아닌 사람이다.

닭도 사람 못지않게 가족을 건사하고 지조도 있다. 수탉이 여러 마리가 있어도 한 번 짝이 정해지면 그 수탉하고만 교미를 한다. 암탉 차지를 못한 수탉이나 임자 있는 암탉을 탐하면 쫓고 쫓기는 광경이 벌어진다. 사람들이 싸우면 가족 편을 드는 것처럼 닭도 마찬가지다. 내 닭이 쫓기고 있으면 얼른 달려가 상대방 닭을 공격한다. 쉽게 끝나는 싸움도 있지만 때로는 피가 나도록 쪼아대면서 보호하고 차지하는 근성이 있다. 수탉이 여러 마리다 보니 쫓고 쫓기는 광경을 심심찮게 본다.

닭도 사람의 감촉을 느끼는 모양이다. 알이 쌓여 있으면 닭이 눈치채지 못하게 몇 개씩만 꺼내도 어떻게 알아보는지 서너 번만 알을 가져오면 알 낳는 자리를 옮겨버린다. 그러면 한 동안은 달걀 구경을 할 수가 없다. 겨울에는 며칠 동안 알을 찾지 못해도 부패될 염려가 없는데, 요즈음처럼 기온이 높으면 알 무더기를 찾아도 버리기 일쑤다. 알을 낳고 닭이 울면 그 주변을 살펴 알자리를 찾고, 운이 좋으면 과수원을 오가다 무심코 눈에 띄기도 한다.

닭마다 알자리가 다르다 보니 여기저기서 알을 품었다. 알자리가 인근이면 품고 있는 닭 사이를 비집고 앉아 알을 낳았다. 알을 품고 있던 닭은 곁에 알이 있으면 부리로 굴러 품속으로 넣는다. 어미닭이 겹쳐 앉아 알을 품기도 했다. 병아리가 깨어나 어미닭이 병아리를 데리고 나가면 다른 닭이 그 자리를 차지하고 또 품었다. 그러다 보니 하루 이틀 간격으로 병아리가 깨어났다.

보호본능은 닭도 사람 못지않게 강하다. 병아리가 귀여워 손으로 만지거나 병아리를 쫓기라도 하면 어미닭이 금세 달려와 공격을 한다. 평소에는 주인을 졸졸 따르던 닭도 이때만큼은 인정사정이 없고 주인도 몰라본다. 나도 볏을 세우고 달려드는 닭한테 놀라 혼이 빠진 적이 있다.

병아리들은 꼭 제 어미를 졸졸 따라다닌다. 병아리가 아무리 많고,

어미닭이 여러 마리라도 제 어미 제 새끼를 알아보고 따르며 건사를 한다. 말도 못하는 닭이 어떻게 제 식구를 구별하는지 그 식별능력이 궁금하다.

홰대에 오른 병아리들은 어미를 중심으로 일가족이 앉아 있다. 건너편에 편한 자리가 있어도 흩어지는 법이 없다. 다른 암탉이 접근을 하면 어미 닭이 표독스럽게 경계를 한다. 홰대에 오를 때도 서로가 서로를 보호하고 응원을 하며 용기를 내었을 것이다. 어쩌다 위험을 감지하면 어미닭이 울음소리로 신호를 보내고 병아리들은 일사분란하게 움직인다. 사람들처럼 재난대피 훈련을 받지 않아도 신속하고 민첩하다. 어미닭은 끝까지 새끼들을 지키고 안심이 된다 싶어야 경계를 푼다. 그런 모성으로 살피기에 가냘픈 날개로도 홰대에 올랐을 것이다.

이제부터 병아리가 아닌 닭으로 이름을 바꿔주고 싶다. 가녀린 날개로도 홰대에 오른 것처럼 앞으로도 건강하게 자라기를 기대하면서.

골목여행

친구에게서 전화가 걸려왔다. 오랜만에 골목길이라도 걸어보고 싶다는 말에 하던 일을 미루고 단숨에 친구 집으로 달려갔다. 심장병으로 삼년 동안을 방안에서만 지내는 친구가 바깥바람을 쏘이고 싶다니 반가운 마음으로 달려갈 수밖에. 창 너머로 나를 본 친구가 현관까지 나와 얼싸안으며 좋아한다.

병상에만 누워있던 친구가 얼마나 답답했으면 나를 불렀을까. 오늘 하루 골목길이라도 쉬엄쉬엄 걸어보자고 하니 그녀는 눈시울을 적신다. 서너 발자국만 걸어도 숨이 차서 마당 밖을 나가지 못하다가 모처럼 나들이를 하려니 감회가 새로웠던 모양이다.

친구에게 두툼한 잠바를 입히고, 머플러로 목을 감싼 후 모자를 씌

운다. 목이 긴 양말을 신기고 장갑도 끼워준다. 신고 싶은 신발은 어느 것이냐고 물으니 현관 앞에 놓인 운동화를 가리킨다. 외롭고 힘들 때면 하루에도 몇 번씩 이 운동화를 신고 외출할 날을 고대했다면서. 친구를 부축해 현관문을 나왔다. 그녀는 마당을 몇 발자국 걷고는 벌써 흙 기운이 느껴진다고 좋아한다. 대문 앞 슈퍼에 들러 간식거리를 사니 눈을 흘긴다. 잠간의 외출에 무슨 간식거리냐는 표정이다. 오랜만에 걸어보는 골목길인데 입도 즐거워야 하지 않겠느냐고 하니 또 눈을 흘긴다. 멀리 떠나는 여행준비 같다면서도 그녀의 입은 다물어질 줄을 모른다.

오늘의 나들이가 비록 집 앞 골목길이지만 안에만 갇혀 있다가 삼 년 만에 나서는 외출이니 어찌 즐겁지 않을까. 때로는 아이들의 왁자한 소리가 들리고, 때로는 물건 사라고 외쳐대는 확성기 소리가 들리는 골목길이 그리도 걷고 싶었다고 한다.

골목길은 집을 나갈 때나 들어올 때나 지나는 길이다. 그래서 집 앞 골목길은 눈을 감고도 갈 수 있는 길이 아닐까 싶다. 나는 오늘 친구와의 나들이가 집안에 있는 것처럼 편하면서도 그녀가 여행 기분을 최대한 느낄 수 있도록 해주고 싶었다.

골목길에서 만난 사람들은 대부분 낯이 익은 사람들이어서 나들이 나온 친구를 반색하며 안부를 묻고, 그녀 또한 오랜만에 만나는 이웃들과 반갑게 인사를 한다.

친구가 병상에 있는 동안 그토록 걷고 싶었다던 골목길을 생각해본다. 골목길은 동네 사람들의 사교의 장이 되기도 하고, 소통의 장 역할도 한다. 가벼운 대화에서도 의사 전달이 되고, 오해가 있다가도 오며 가며 나누는 인사 속에 스르르 풀리기도 한다. 골목길은 동네 사람들의 마음 나눔의 길이요 세상을 바라보는 창인 셈이다. 친구는 아직 온전하게 건강이 회복된 것은 아니지만 골목길에서 사람 사는 세상을 보고 싶었던 모양이다.

친구는 만나는 사람마다 먼저 인사를 한다. 반가움이 묻어있다. 안부를 묻는 친구를 사람들이 다독여 준다. 이웃 간의 정이 무르익는다. 이런 정이 무척이나 그리웠다고 한다. 한 아이가 저만큼에서 깡충깡충 뛰어온다. 친구는 걸음을 멈추고 아이를 바라보더니

"너 희철이지, 잘 지냈어." 한다. 아이도 친구에게 인사를 한다.

아이의 뒷모습을 보며 친구도 뛰어다닐 수 있으면 좋겠다고 한다. 오늘 골목여행을 시작으로 점점 멀리 가자고 하니 눈을 찡긋한다.

마을 어귀의 놀이터에서 간식을 먹으며 여행기분이 제대로 난다고 한다. 그래 여행이 별것인가 어디든 가서 즐기면 되지. 친구의 상기된 얼굴에서 희망을 본다. 친구의 마음도 단풍처럼 곱게 물들기를 바라본다.

오늘의 골목길 산책이 친구에게 마음 편한 나들이가 되었으면 좋겠다. 운동화를 신발장에 넣으면서 우리 내일도 걷자고 했다.

해질 무렵 그녀의 집에서 나오는 나에게 친구가

"오늘 골목 여행은 참 좋았어!" 한다. 집에 닿을 때까지 그 말이 내 가슴에서 메아리로 울린다.

우리 집 대표 손

많은 날을 그리워하던 친구를 만났다. 그녀는 50년 전 나의 단짝이었다. 우리는 발 소리만 듣고도 서로를 알던 시절이 있었다. 그런데 오늘은 몇 발자국을 지나친 후에야 알아보았다.

"혹시 ○○ 아니야."고개를 갸우뚱 하며 말을 붙이니

"그래, 임순이 맞지." 한다.

우린 금방 세월을 뛰어넘었다. 어떻게 살았으며 아픈 곳은 없는지 숨도 쉬지 않고 물었다.

"나쁜 계집애, 편지한다고 해 놓고는."

"미안해, 거짓말을 할 수가 없었어." 하더니 이내 눈가가 젖는다.

눈물을 훔치는 친구의 손이 울퉁불퉁하다. 깜짝 놀라 얼른 손으로 입을 가렸다. 내 감정을 들키지 않으려 심호흡도 했다. 내 심사를 알았는지 손을 뒤로 감춘다.

중학교를 졸업하던 해 친구네는 서울로 이사를 갔다. 가족이 먼저 거처를 옮기고 친구는 이모 집에 있으면서 졸업을 했다. 친구는 아빠의 사업 때문이라고 했는데 떠도는 소문에 의하면 어머니가 빚보증 서준 것이 잘못되어 고향을 떠났다는 것이다. 이웃마을에 사는 친구 이모에게 종종 소식을 물었으나 대답을 회피했다.

집배원이 마을 어귀에 나타나면 나도 모르게 눈이 그에게로 쏠렸다. 주소를 모르니 내가 먼저 편지를 할 수도 없었다. 기다리는 편지는 오지 않고 무심한 세월은 흘렀다.

감정이 복받치는지 친구가 어깨를 들썩인다. 그녀의 어깨를 감쌌다. 내게 안겨 들려주는 이야기가 내 가슴을 후볐다.

친구가 상경했을 때 아버지는 공사판에서 일을 했고, 어머니는 실성한 사람처럼 먼 산을 바라보며 혼자 중얼거렸다. 어머니가 그런 것은 보증의 후유증이라며 아버지가 몹시 안타까워했다. 다섯 식구가 단간방에서 살았다. 어머니는 죄책감에 나날이 증세가 심해졌다. 아버지가 일하다 쓰러졌다는 연락을 받고 병원에 갔는데 의사가 청천벽력 같은 말을 했다. 잠깐 의식이 돌아왔을 때 친구에게 두 동생을 부탁하셨다. 그리고는 끝내 먼 길을 가셨다. 아버지의 빈자리를 채울 틈도 없이 어머니마저 돌아가셨다.

가장 아닌 가장이 되어 두 동생만은 어떻게든 공부를 시켜야 한다는 각오를 했다. 식당 일을 마치고 퇴근해 오면 마늘을 까서 납품하여 생활비에 보탰다. 손에 물 마를 날이 없어도 동생들 성적표를 보면 힘이 솟았다. 자신은 마음껏 배우지 못했지만 동생들에게만은 배움의 한을 없애주고 싶었다.

식당에서 일하는 동료직원의 실수로 뜨거운 물이 그녀의 손으로 쏟아졌다. 그 후로 일 잘한다고 입에 침이 마르도록 칭찬을 하던 주인의 태도가 달라졌다. 붕대 감은 손으로 설거지를 하지 않는다며 다그치고, 주방 밖으로는 나오지도 못하게 했다. 노골적으로 일당을 깎고 친구가 출근할 시간이면 문을 걸어 잠그고 어떻게든 일당을 적게 주려고 술수를 썼다.

주인의 횡포가 심할수록 친구는 이를 더 악물고 동생들 뒷바라지를 했다. 흉한 손을 감추기 위해 여름에도 장갑을 끼고 다녔지만 부끄럽지 않았다. 동생들이 대학을 졸업하자마자 직장을 가져 돈을 모아 수술을 받게 해주었다.

동생들은 친구의 손을 보며 늘 우리 집 대표 손이라고 한다. 두 동생의 바람은 친구의 손을 곱게 수술해 주는 것이다. 앞으로도 두 번의 수술을 더 받아야 예전의 손처럼 될 수 있다고 한다. 그러나 친구는 더 이상 수술을 받지 않겠단다. 수술할 돈으로 동생들이 기반을 잡도록 해주고 싶기 때문이란다. 사람들이 손을 보고 눈살을 찌푸리지만 친구는 건실하게 성장한 동생들을 보면 힘이 솟는다고 한다.

요즈음은 손톱에도 갖가지 멋을 부린다. 하물며 친구라고 왜 예쁜 손을 갖고 싶지 않을까마는 동생들에게 걸림돌이 되고 싶지 않다는 것이다. 부모 복 없는 동생들의 발목 잡는 누나는 되지 않겠다는 각오이다. 눈에 보이는 멋보다 내면의 아름다움을 지닌 친구에게 손만 보고 놀란 것이 미안하다.

식당에서 함께 일하던 고향 오빠와 결혼을 하고, 부부가 함께 검정고시로 고등학교 과정을 마친 친구. 검정고시에 합격하던 날, 내가 너무 보고 싶어서 눈이 붓도록 울었다고 한다. 내게 수없이 편지를 썼는데 우체통에는 넣지 않았단다. 거짓말을 하기 싫었기 때문이란다. 동생들 용돈 주고 돌아서면 등록금 마련하느라 생활은 팍팍했지만 마음만은 바다처럼 넓게 가지려고 했다는 친구. 보기 흉하게 일그러진 손이 두 동생들에게만 우리 집 대표 손이 아니고 우리 사회의 대표 손이 아닌가 싶다.

건강

병실 문을 나서는 마음이 착잡하다. 누구보다 건강하다고 믿었고, 운동을 생활의 일부분으로 하신 선배가 입원을 했기 때문이다. 문병을 마치고 나오면서 동료들이 모두 한마디씩 했다. 'K 언니가 입원할 줄을 꿈에나 생각 했겠냐.' 'K가 입원했다고 하면 믿을 사람이 있겠냐.'

카톡방이 불이 났다. 선배는 알리지 말라고 신신당부를 했지만 그게 어디 감출일인가. 동문에서도, 선배가 몸담고 있는 봉사단체에서도 급뉴스가 되었다. 믿기지가 않는다면서 확인을 하는 사람도 있다. 그녀를 아는 사람이라면 쉽게 받아들일 수가 없다는 것이다.

건강의 기준은 무엇일까? 어떡해야 건강하다고 자부할 수 있을까? 건강의 사전적 뜻은 '몸이나 정신에 아무 탈이 없이 튼튼함'이라 한다.

사람에 따라 생각의 차이가 있고 느낌이 다르지만 외형적으로 보이는 것만으로 건강을 측정할 수는 없는가 보다. 선배는 비가 오는 날이나 특별한 일이 있는 날을 제외하고는 매일 근처에 있는 서산을 오른다. 봉사활동이며 농장 일을 하면서도 등산을 하고 와야 몸이 개운하고 하루 일을 보람있게 지낸 것 같다고 한다. 건강을 주변의 산행으로 다진다는 생각이 선배가 매일 산을 찾는 이유라고 했다. 선배의 피부는 한참 후배들의 살갗보다 윤기가 있고 탱탱하다.

선배는 서산만이 아니라 지인들과 함께 등산도 잘 다닌다. 급경사를 오를 적이면 대부분의 일행들은 가쁜 숨을 쉴 적에도 선배는 일상의 모습이었다. 산행으로 다져진 체력은 나이를 의심하게 했다.

선배는 가정적으로도 흠 잡을 데가 없어 주부들의 롤모델이기도 했다. 외부로 보이는 모습만이 아니다. 삼남매의 자녀들을 훌륭하게 키워 저마다 사회의 일꾼이 되었고, 남편과 함께 틈만 나면 봉사활동을 한다. 올해 칠순인 선배는 봉사활동을 같이하는 사회단체 회원들에게 봉사활동을 할 수 있어 감사하다며 조촐한 점심식사를 대접해 주셨다. 당신의 일에는 절약하면서도 봉사활동에는 주머니를 활짝 열어 베푸는 낙천적인 성격 또한 선배의 건강지킴이가 되었을 것이다.

그런 선배가 어쩌다 한 번씩 가슴을 옥죄는 것 같은 압박이 있다고 했다. 가벼운 마음으로 검사나 해보려고 병원에 갔다 치료를 권하는 바람에 내친김에 입원을 한 것이라 했다. 아무런 준비도 없이 왔다가 중환자실에서 지낸 하룻밤이 너무 힘들었다는 선배는 팔에 시술을 할 때 고통이 너무 심했다며 건강의 중요성을 다시금 느꼈다고 한다.

문병을 간 동문들에게 건강을 당부하는 모습이 어머니 같았다. 평소에도 후배들이나 동료를 챙기는 것이 몸에 밴 분이었는데 오늘은 더 섬세했다. 당신의 경험을 이야기 하는데 어찌 세상사 살면서 어려움이 없었을까마는 그때마다 기도하는 심정으로 기다리며 자신을 다스렸다고 한다.

선배는 크고 작은 봉사의 대열에 늘 끼어 있었다. 그것은 베푸는 것이 아니라 자신을 돌아보고 담금질하는 계기였다고 한다. 사람들이 당신이 건강하다고 할 때면 봉사할 수 있는 기회가 더 있는 것 같아 좋았다고 하시며 온화한 미소를 지었다.

왼손이 한 일을 오른손이 모르게 하는 것이 당신의 신조였다고 한다. 그렇게 이웃과 함께하면서 항상 자신을 낮추는 모습은 후배들의 귀감이었다. 길지 않은 문병시간 내내 선배의 표정에서 나는 눈을 떼지 않았다. 환자의 모습이 아니라 친정에 온 자식들을 보살피는 친정어머니의 체온이 느껴졌기 때문이다. 친정어머니가 돌아가신 후 가슴 한 귀퉁이가 늘 허전했는데 그 허전함을 선배가 채워주었다.

착잡하던 마음이 가라앉는다. 선배의 건강 경고등이 소멸되었으니

이 얼마나 다행한 일인가. 입원을 했다고 걱정할 일만은 아닌 것 같다. 동문들에게 작은 증세라도 있으면 미리 건강체크를 해보라고 권한다. 더불어 살아가는 사회에서 건강은 나만의 일이 아니라는 말에 동감이 된다.

웃는 얼굴로 병실 바깥까지 배웅을 해주면서 건강을 또 당부하신다. 영락없는 친정어머니의 모습이다. 동료 봉사자들이 함께 있으면 친정어머니와 있는 것 같다던 말이 오늘 따라 더 새롭다.

길바닥에 앉아서

햇볕이 불덩어리다. 머리에는 불이 붙었고, 가슴은 용광로처럼 끓어오른다. 35도를 넘는 날씨에 길바닥에 나앉았으니 불이 날만도 하다. 얼마나 열불이 났으면 아이들을 돌봐야 할 근무시간에 이 많은 사람이 거리에 나앉았을까? 아스팔트에서 올라오는 열기는 찜질방보다 더 훈증막이다. 그래도 어느 누구 한 사람 불평이 없다. 오로지 본부석에서 들려오는 소리에 귀 기울이며 일사분란하게 움직이는 모습이 눈물겹다.

경기가 불황인데 어느 직종이라고 경제가 좋을까마는 어린이집은 몇 년째 바닥이다. 그런데 이제는 생존권이 턱 밑까지 위협을 하니 염천더위에 길바닥에 나앉을 수밖에 없다.

힘 있는 사람들은 자기들의 사리사욕을 위해 공약을 남발하고, 선심 쓰듯 법을 주물 거린다. 그도 모자랐는지 이제는 자기네들이 한 공약까지도 헌신짝 버리듯 무시해 버린다. 철없는 아이들을 담보로 학부모들의 표를 얻었으니 그만이라는 식이니 어쩌면 좋단 말인가. 짓밟는 것도 모자라 이제는 깔아뭉개기까지 하니 참다못한 보육교직원들이 힘을 모아 발버둥을 친다.

아이들과 함께 있는 것만으로도 좋아서 열악한 조건 따위는 따지지도 않았다. 녀석들의 재롱이 삶의 활력소였고 내 마음도 아이들을 따라 갔다. 보육교직원들이 무상보육 해달라고 하지 않았다. 이 나라의 최고 권력자가 선거공약으로 내세운 무상보육이다. 그런데 실시 2년만에 맞춤형이라는 대책을 세워 놓고 무조건 따르라고 한다. 그렇지 않아도 원장들의 퇴근시간은 고무줄이라고들 하는데 업무가 더욱 가중이 될 처지다. 그러면 수입이라도 현상유지가 되어야 하는데 일거리는 늘어났는데 수입은 줄어드니 문제가 아닐 수 없다. 어린이집 보육교직원들이 뿔이 날 수밖에 없는 이유다.

윗물이 맑아야 아랫물도 맑은 법인데 대통령은 약속을 지키지 않으면서 우리 보육교직원에게는 법을 지키라고 한다. 그러면서 법의 잣대를 들이댄다. 민주주의 국가에서는 누구나 법 앞에 평등하다고 헌법에 명시되어 있는데 그 평등의 의미가 무색하다. 한 부모 가정이나 맞벌이, 저소득층은 시간연장형 보육을 하는데, 보통 가정의 자녀들은 맞춤형보육을 해야 된다. 아무리 어린 아이들이라도 가정의 형편과 구성원, 부모의 직업에 따라 보육시간이 달라진다.

교사는 아이들만 돌보는 것이 아니다. 그에 따른 업무 또한 많다. 원장 또한 마찬가지다. 아이들과 교사들 챙기다보면 해지는 줄도 모르는데 날마다 컴퓨터 앞에 앉아 보육시간을 일일이 입력해야 하니 기가 막힐 노릇이다. 어려운 여건에서 업무에 충실하려고 안간힘을 쓰는데 말도 안 되는 대안을 세워 놓고 무조건 따르라고 하니 길거리로 나선 보육교직원들이 속내를 털어 놓는다.

영·유아기는 인성이 형성되는 참으로 중요한 시기다. 오죽하면 "세 살 버릇 여든까지 간다."고 했을까. 짓눌린 떡잎은 바로 세워주고 제대로 뿌리내리지 못하는 아이는 바로 잡아 주어야 한다. 생존권을 위해 길바닥에 나앉아서도 자나 깨나 아이들 걱정뿐인 사람이 어린이집의 원장이다. 탁상행정이 되어서는 안 된다, 특히 아이들을 위한 정책은 현장의 소리에 귀 기울여야 하는데, 귀를 막는 것도 모자라 꽉 닫아 버린다. 그러니 현장과 정책이 엇박자일 수밖에 없는 현실이 너무 안타깝다 못해 울분이 터진다.

출산장려를 입으로 외친다고 인구가 늘어날 리 없다. 안심하고 아이들을 키울 수 있는 사회분위기가 조성되면 아기 낳기를 권하지 않아도 아이울음소리가 여기저기서 들릴 텐데. 입으로 하는 행정보다 실천하는 행정이 되었으면 하는 바람이다.

선심성 공약이 발붙이지 못하도록 사회분위기를 만드는 것은 유권자의 몫이 아닌가 싶다. 가만히 있어도 숨이 턱턱 막히는 더위에 길거리에 나앉아 목이 터져라 구호를 외치지 않아도 되는 그런 정책이 언제쯤 세워질까?

정치는 입으로 떠들기만 하는 것이 아니라 실천도 하는 것이라고 국민들이 냉엄하게 심판하는 사회분위기가 조성되어야 한다. 그러면 공염불처럼 외치는 공약 따위는 발붙이지 못할 것이다. 유권자를 우롱하면 그에 따른 응분의 대가도 따르는 성숙한 사회가 되기를 길바닥에 나앉아 간절히 바란다.

빈 가지를 바라보며

지난겨울, 시어머니와 친정어머니가 먼 길을 떠나셨습니다. 그 후로 사무실을 들고 날 때면 눈길이 가는 나무가 있습니다. 지난해까지도 가지마다 몇 송이씩 탐스런 꽃봉오리를 맺었었던 목단입니다. 그런데 올해는 아무리 보아도 움을 틔울 기색이 보이지 않습니다. 오늘은 조바심이 나서 빈 가지에 귀를 대보았습니다. 딱딱하기만 할뿐 숨 쉬는 소리가 들리지 않았습니다.

지난겨울은 참 많이 추웠습니다. 아무리 옷을 껴입고 목도리로 목을 감싸도 찬바람이 솔솔 들어왔습니다. 자꾸만 몸이 움츠려 들었습니다. 봄이 기다려졌습니다. 추위에서 벗어나고 싶어 봄을 더욱 기다렸습니다. 그래서 메마른 가지에 움이 나는지 살펴보고 귀도 기울였습니다. 빈 가지만 살피다 눈길을 거둘 때면 눈이 시렸습니다.

작년까지도 겨울에 내의를 입지 않았습니다. 그런 내가 추위를 부쩍 탔습니다. 몸이 부실해서 그렇다면 이상 징후가 있으련만 생활하는데 아무 지장이 없었습니다. 그저 춥고 가슴에서 찬바람이 일었습니다. 그때마다 두 분 얼굴이 떠올랐습니다. 길을 가다가도, 일을 하다가도 무시로 생각이 났습니다. 어느 날은 옆에 계시는 것 같아 주위를 두리번거리기도 했습니다. 하지만 어디에서도 그분들을 뵐 수가 없었습니다.

세찬바람이 가슴에서 맴돌았습니다. 현실을 받아들이기로 했습니다. 그래야만 추위도 이겨낼 수 있을 것 같았습니다. 그런데 마음과 가슴이 제각각이었습니다. 마음으로는 받아들이고 싶은데 가슴으로는 선을 그었습니다. 후회가 늘어갔습니다. 좀 더 잘해 드릴 것을 아등바등 산 것이, 언제나 옆에 계실 줄로 착각한 것이, 자꾸만 미룬 것이 가슴을 후비고 팠습니다. 그러나 때는 이미 늦었습니다. 이제는 아무리 잘해 드리고 싶어도 마음뿐입니다. 있을 때 잘하라는 유행가 가사가 생각이 났습니다. 그 흔한 말이 가슴에 맺히고 또 맺혔습니다. 앞만 보고 달려간 결과입니다. 때로는 뒤도 돌아보고 옆도 살폈어야 했습니다. 달리기에 전념하느라 미련하게도 살피는 것에 게을렀습니다. 집안일에 얽매이고, 아이들 일에 신경 쓰고, 과수원을 일구다 보니 부모님은 뒷전이었습니다. 무엇보다 뒤늦게 눈뜬 배움의 재미에 풍덩 빠져 버렸습니다. 그랬으니 전속도로 달리기만 한 대가가 이렇게 차갑게 내 피부로 와 닿는 것입니다. 어리석었습니다. 그때는 몰랐는데 빈자리가 생기니 저절로 느껴집니다.

이제 더 이상 추위에 떨고만 있을 수 없습니다. 현실은 현실로 받아들이고, 인정할 것은 인정하고, 수정할 것은 수정하면서 오늘에 충실하고 싶습니다. 한 해에 두 분 어머니를 여읜 허전함이 가슴을 통째로 오려낸 것 같았습니다. 하지만 이제는 그분들 생각날 때면 아픈 마음 거두고 더 열심히 사는 것이 내가 할 수 있는 일이 아닌가 싶습니다.

조바심 내지 않으렵니다. 아직 철이 되지 않았는데 날마다 바라다본다고 목단이 싹을 틔울 리가 없습니다. 어머니들이 떠나신 허전함에 목단도 이대로 메말라 버리면 어쩌나 하는 걱정 아닌 걱정을 했습니다.

추위가 서서히 풀려가는 것 같습니다. 머지않아 빈가지에 새순이 돋아나고 꽃대도 올라올 것 같습니다. 이제 마음으로부터 그분들을 보내 드리렵니다. 부디 극락왕생하시옵기를 빌고 또 빌어봅니다. 두 분께 못다 한 마음은 주변을 살피고 형제들과 우애 있게 사는 것으로 대신하려 합니다. 지켜 봐 주시고 응원해 주시기를 청하옵니다.

편히 잠드소서. 어머님. 막내며느리가 바라옵니다.

부디 극락왕생하소서 엄니 둘째딸이 비옵니다.

꽃버선 신으시고

어머니가 누워 계십니다. 꽃버선을 신고서. 엷게 화장도 하신 모습은 곱기도 한데 말씀이 없으십니다. 아무리 불러도 대답도 없습니다. 그저 눈을 감고 자식들이 하는 말을 들을 따름입니다.

평소 같으면 자식들 이름을 부르고, 손자들도 안아 보실 텐데 오늘은 당신의 모습을 보여주기만 합니다. 얼굴은 창백하고 누런 옷을 입고 계신 모습에 가슴이 갈기갈기 찢어집니다.

대문을 들어서며 "엄마!" 하고 부르면 "어서 와라." 하며 화들짝 반기시던 어머니는 형제들이 목 놓아 불러도 미동도 하지 않습니다. 편안한 모습으로 잠든 듯 계시는 어머니. 앞으로는 영원히 뵐 수 없다고 생각하니 억장이 무너집니다.

특별히 살림을 모아둔 것도 아니고, 그렇다고 이렇다 할 일을 한 것도 아니면서 어머니께 소홀했습니다. 이번 일만 마무리 지으면, 수확만 끝나면 하고 미루고 미루다 보니 어머니는 늘 뒷전이었고 내 욕심 챙기기에 급급했습니다. 무지하게도 어머니의 자리는 고정석인 줄로만 알았습니다. 참으로 어리석었습니다.

자식 일이라면 동분서주하시면서도 이웃의 어려움은 꼭꼭 챙기셨던 어머니. 좋은 것도 맛있는 음식도 이웃이 먼저였고 그 다음이 자식들 몫이었습니다. 언젠가 겨울에 장독대에 보관하던 홍시를 우리 형제들에게 주시나 했는데 이웃마을의 황 영감 집에 갖다 주라고 심부름을 시키셨습니다. 철없던 저는 심통이 나서 홍시 그릇을 빙빙 돌리면서 갔었지요. 깨져 범벅이 된 홍시를 드신 황 영감이 쾌차를 하여 어머니께 감사의 인사를 드리려 오셨을 때 저는 방에서 나갈 수가 없었습니다. 몸소 실천으로 이웃 사랑의 법을 가르쳐 주신 어머니.

어머니께 잘해 드린 것이 없어 설움이 더 복받치는지도 모릅니다. 자식들 편히 쉬었다 가라고 새벽같이 일어나 군불을 지피셨습니다. 나도 자식을 키우면서 어머니의 헌신적인 사랑이 당연한 줄로만 알았습니다. 참으로 미련한 딸이었다는 것을 어머니가 홀연히 가신 후에야 알았습니다.

서너 해 전이었습니다. 어머니 생신날 형제들과 둘러앉아 약밥을 먹으면서, 어머니가 무거운 것을 많이 이고 다녀서 키가 줄어들고, 무거운 것을 많이 들어 허리가 굽으셨다고, 앞으로는 힘든 일 하지 말라고 하였을 때 당신은 나이 탓을 하셨습니다. 칠남매 뒷바라지를 하시느라 몸은 왜소해지고 얼굴에는 골 깊은 주름뿐인 채로 이 세상 소풍 끝내고, 먼 먼 여행길에 나서신 어머니.

어머니께 불효한 것을 뉘우치지만 이미 때는 늦었습니다. 미안하고 죄송한 마음을 조금이라도 덜어내려고 옷섶 사이로 노잣돈을 밀어 넣지만 이게 무슨 소용이겠습니까. 흐르는 눈물을 주체하지 못함은 용서를 비는 마음인가 봅니다. 어머니가 평소 하셨던 이웃 사랑의 끈을 이어 가면서 우리 칠남매 화목하게 사는 것으로 못다 한 효도 대신하렵니다.

늘 곁에서 지켜 주실 것만 같았던 어머니, 이제 영원히 뵐 수 없는 어머니, 생전의 힘들었던 삶 다 내려놓고 아버지 곁에서 영면하십시오.

고양이와의 전쟁

우리 가족 중에 고양이는 늘 외톨이다. 가족의 눈밖에 날 짓을 자주 하니 경계의 대상이 된 것이다. 가끔 시장 봐다 놓은 것을 재빨리 물고 가서 먹을 때는 밉기는 해도 봐 주었다. 개밥을 몰래 먹었을 때도 그럴 수도 있다고 여겼다. 그런데 이번만은 도저히 그냥 두고 볼 수가 없다. 깨어난 지 일주일도 안 된 병아리를 먹어 치우다니. 속이 쓰리다. 아무리 짐승이라고 이렇게 염치가 없단 말인가.

요즈음 병아리 숫자 세는 재미로 시간 가는 줄 모르고 지냈다. 삼복더위에 깨어나 종종거리며 걷는 모습을 바라보고만 있어도 재미가 있고 흐뭇하고 대견했다. 그런 나의 즐거움을 고양이가 앗아갔다. 믿기지 않아 눈을 비벼가며 확인을 했지만 숫자가 절반도 안 된다. 기가 막혀 입이 다물어지지 않는다. 어찌나 화가 나던지 돌을 주어 고양이를 향해 마구 던져 마당 근처에는 얼씬도 못하게 한다. 그래도 화가 풀리지 않는다. 어린것들이 고양이한테 물려가면서 얼마나 불안에 떨었을까 생각하니 몸이 오그라든다.

남편과 달리 나는 평소에도 고양이한테 마음이 가지 않았다. 개밥은 챙겨주면서도 고양이 밥은 따로 주지 않았다. 그런데도 개체 수가 늘어났다. 얄미운 적도 많았다. 장대에 매달아 놓은 명태는 번번이 고양이가 먹어치웠다. 개밥을 끓여 뚜껑에 커다란 돌을 올려놓아도 제 밥인 양 먹어댔다. 지난겨울에는 소머리를 하루 내내 푹 고았다. 밤늦도록 불을 지펴서 뜨거워 접근이 어려울 줄 알았다. 만약을 몰라 벽돌을 두 장이나 솥뚜껑에 올려놓았다. 그런데도 소용이 없었다. 비릿한 냄새나 구수한 맛은 귀신처럼 알고 독식을 했다.

내가 고양이가 먹지 못하도록 보관에 노력을 하듯이 닭들도 살아남기 위해 나름대로 술수를 쓴다. 우리 집 닭들은 나무 위에서 잠을 잔다. 해가 서산으로 기울면 일찌감치 나무에 옹기종기 올라 자리를 잡는다. 처음에는 낮은 나뭇가지에서 밤을 나더니 점점 높이 올라가 지금은 나의 키보다 높은 곳에서 잔다. 나무 위에서도 사람이 가까이 다가가면 날아서 자리를 옮긴다.

비가 오나 눈이 오나 한겨울에도 나무 위에서 밤을 나는 우리 집 닭들은 밤이 두려울 수밖에 없다. 고양이 밥이 되지 않기 위해 스스로 생존의 법을 터득해 가는 데도 희생이 따른다. 다 큰 닭은 스스로 고양이를 경계하고 자신을 지켜내는데, 병아리는 어미의 보호를 받아야 한다. 낮에는 보는 눈이 많아 희생이 없는데 밤이면 일이 생긴다. 어미의 품속에만 있으면 되는데 잠시라도 바깥바람을 쐬러 나오면 고양이가 엿보고 있다 기회를 놓치지 않는다.

올해 닭이 병아리를 네 번 자연부화를 했다. 첫 번째는 여섯 마리였는데 고양이가 다 독식을 했다. 두 번째는 여덟 마리 중 두 마리가 남아 있고, 세 번째는 열한 마리가 깨어나 눈이 호강을 했다. 나름 신경을 쓰고 노력을 했는데도 현재 네 마리가 살아있고, 네 번째는 초복을 이틀 앞두고 일곱 마리가 깨어났다. 유난히 더운 올여름에 어미닭이나 병아리나 고생이다 싶어 목마르지 않게 물도 자주 챙겨주곤 했다. 그런데 지금 세 마리가 고양이로부터 위협을 받고 있다.

내 주먹보다 작은 어린 병아리들도 해가 기울면 나뭇가지로 오른다. 맨 나중에 깨어난 병아리들을 제외하고는 스스로 자신을 지킬 수 있을 만큼 컸다. 낮에는 늘 어미가 병아리와 같이 다니며 보호를 해준다. 저녁으로도 또래 끼리 나무에 올라 고양이를 견제한다.

가슴 쓰린 일을 겪지 않으려고 병아리를 억지로 가둬 키우기도 했는데 사방에서 위협적인 눈으로 보고 있으니 늘 불안한 눈빛이었다.

닭장 속에서 어미닭이나 병아리가 움츠리고 있는 모습은 사람이 자기와 맞지 않은 환경에서 사는 것 같았다. 자연에서 깨어났으니 자유스럽게 돌아다니며 사는 것이 우리 집 닭의 삶의 방식이 아닌가 싶다.

고양이의 먹잇감이 되지 않고 스스로 자신을 지켜야 하는 우리 집 병아리들은 오늘도 감나무 가지에서 새날을 맞는다.

혼자 피운 꽃

온종일 아침에 풀 더미 속에서 보았던 꽃 생각뿐이었다. 도로 빗면에 무리지어 피어있는 꽃을 처음 보는 순간 가슴에 예리한 물건이 닿는 느낌이었다. 지금이야 철이 지나 푸석거리지만 잡초가 무성할 때는 얼마나 답답했을까? 깊숙이 박혀있는 잡초 뿌리 때문에 철쭉은 간신히 지탱하기도 힘들었을 것이다. 세찬 바람이라도 불라치면 넘어질까 봐 얼마나 불안했을까? 사각거리는 바람소리는 생각만 해도 소름이 돋는데 내색도 못하고 묵묵히 참았을 것을 생각하니 살갗에 가시가 든 것 같다. '굴러 온 돌이 박힌 돌 뺀다.'더니 잡초가 주인 행세를 할 때 위기의식은 또 얼마나 들었을까.

며칠 전의 일이었다. 편도 3차선 도로에서 1차선을 막아 놓고 인부들이 화단에 풀을 뽑고 있었다. 그런데 그들은 도로 중앙의 화단에 잡초는 제거하면서 빗면에 꽃망울을 머금은 나무를 덮고 있는 풀 더미는 제거하지 않았다. 더구나 도로 중앙의 화단에는 상록수가 심어져 있어 일년생 잡풀만 있었는데 사람들의 시선이 많이 가는 곳만 주변정리를 한 것 같아 씁쓸한 기분을 떨칠 수 없었다.

우리 어린이집의 원아들 생각이 났다. 그 아이들이 나름대로 가지고 있는 특기나 적성을 잘 나타내고 있는지 모르겠다. 잡초 속에 묻힌 철쭉처럼 자기 본연의 모습은 드러내지도 못하고 있는 것은 아닌지. 아직은 의사표현이 서툴고 정확하게 자기의 뜻을 전달할 수 있는 나이는 아니지만, 하고 싶은 놀이를 하면서 자기의 마음을 숨김없이 나타내고 있을까? 선생님 눈치 보느라 주눅 들고, 친구들에게 밀려 마음 다친 원아는 없는지 모르겠다.

원아들 얼굴이 한 명씩 떠오른다. 모두가 사랑스럽고 귀엽다. 내가 보는 눈이 아둔해 원아들의 샘물처럼 맑은 마음을 읽지 못한 것은 아닌지. 밥 먹지 않았다고 등원할 때 엄마로부터 싫은 소리를 듣고 와서는 "우리 엄마는 나를 예뻐하지 않아요."하며 투정부리던 슬기의 울음 섞인 목소리가 오늘따라 귓전을 맴돈다.

내일부터는 더 부지런히 움직여야 할 것 같다. 원아들의 상상력과 응용력을 한껏 끌어올려 주려면 나부터 생각주머니를 펼쳐 놓아야 한다. 그리고 퍼즐을 맞추듯이 아이들의 기발한 생각을 가지고 옷을 만들고 꽃을 피우며 새도 날아오도록 꾸며야 한다. 그래서 원아들이 더 신나게 자기의 생각들을 풀어 놓도록 이야기동산도 만들어 주고 싶다.

내 경험을 양념으로 풀어 넣고 국을 끓이고 원아들의 반짝거리는 마음과 생각들로 반찬을 만들어 구수한 밥상을 차려 모두 함께 먹고 싶다. 얼른 뚝딱 먹고 맛있다며 더 먹기도 하고, 국물부터 먹는 원아도 있을 것이며, 대한이는 "선생님, 김치가 매워요."하면서도 온통지게 먹을 것이다. 어디 그뿐이랴. 밥알을 세고 먹던 현아의 식사량이 제법 많아졌다. 과일은 입에 대지도 않았는데 적은 양이긴 하지만 먹고 젓가락이 가는 반찬 수도 늘어났다. 그리고 무엇보다 "선생님, 저도 김치 먹었어요." 하고 의사표현을 하는 것이 참 예쁘다. 앞으로도 무슨 일이든지 이야기를 나누며 현아의 생각들이 올곧게 커 갈 수 있도록 보살펴 줄 것이다.

행여라도 풀 더미에 덮여 예쁜 꽃을 제대로 보지 못하는 것처럼 원아들의 고운 심성이 가려지지는 않았는지 세심하게 살펴보고 사랑으로 보듬어 안아주고 싶다. 때로는 친구가 되고 때로는 언니 누나가 되기도 하면서 바람은 막아주고 비는 가려도 주어야 한다. 세심한 배려 속에서 아이들이 마음껏 뛰어 놀고 상상의 나래를 펼칠 수 있도록 도와주는 것이 나의 역할이다. 내 역할을 제대로 하려면 주변 환경도 신경 쓰고 내 마음속 사랑의 싹도 무럭무럭 키워야 한다. 그러기 위해서는 작은 것에도 감사하고 고마운 마음이 늘 함께할 수 있도록 마음의 텃밭도 일구어야 한다.

내 마음 밭에 푸성귀가 무성하고, 우리 어린이집 아이들이 사철 몸도 마음도 건강하게 자랄 수 있도록 환경도 가꾸어야겠다.

인연

불가에서는 옷깃만 스쳐도 인연이라 했는데 많게는 5일에서 작게는 3일을 함께 지냈으니 보통 인연이 아닌 것 같다.

얼핏 보면 어울릴 것 같지 않은 세 여자가 같은 병실에 입원을 했다.

여자 1호는 틈만 나면 성경말씀을 듣는다. 슬하에 3남 3녀가 있는데 2남 1녀를 결혼시키고 남편이 사망했다. 시부모님 모시고 자녀들하고 살 것을 생각하니 막막해 앞이 보이지 않았지만 장례를 치르고 한 동네에 살고 있는 친정식구들에게 약한 모습을 보이지 않으려 이를 악물었다. 69세에 자동차 면허증을 취득하여 수확한 농산물을 차에 싣고 팔러 다녔다. 아이를 유산시켰다고 시부모에게 쫓겨나 친정으로 간 적도 있는 시집살이를 하였기에 교회 다니며 게이트볼까지 치며 살줄은 꿈에도 생각 못했다는 80세의 어르신이다. 다리가 골절되어 2개월 전에 입원했으며 혼자 집에 있으면 자식들이 마음이 놓이지 않는다며 병원생활을 권했고 둘째 딸이 종종 다녀간다.

여자 2호는 60세로 과수원을 일구면서 손에 못이 박혔다. 48세에 대학에 진학하여 현재 어린이집에 근무하면서 틈만 나면 머리맡의 책을 펼친다.

올해 56세인 여자 3호는 남편이 여자관계가 복잡했다. 시아버지로부터 극진한 사랑을 받았으나 바람둥이인 남편 때문에 마음 편할 날이 없었다. 남편의 방탕생활을 회피하려고 화투에 손을 댔고 더는 남편의 부정한 생활을 묵인할 수 없어 이혼을 했으며 슬하에 1남 1녀는 남편이 키웠다.

식당을 운영하던 중 재혼을 했는데 어느 날 갑자기 전원생활이 그립다며 남편이 이사타령을 하여 사업을 정리하고 7년 전에 순천으로 이사를 왔다. 시골생활에 익숙해지는가 싶었는데 2년 전에 남편이 간경화로 사망했다.

두 번째 남편도 자상하고 가정적이었으나 시형제들과는 원만하지 못했다. 혼자 집에 있으면 술을 먹게 되어 고속도로 휴게실의 식당에서 일을 하던 중에 팔에 인대가 늘어나 206호 병실에 합류를 했다.

지인의 소개로 만난 홀아비가 적극적으로 구혼을 하는데, 본인이 좋아하는 제3의 남자도 있어 재혼 상대를 심사숙고 중이다.

여자 1호는 시집살이가, 2호는 과수원을 일구면서, 3호는 남편이 바람피울 때가 힘들었다는 저마다 삶의 질곡이 있었지만 그래도 세상은 살아볼 가치가 있다고 입을 모은다. 1호와 2호는 3호에게 많은 충고를 한다. 1호는 먼저 간 사람은 잊고 얼른 새 출발할 것을, 2호는 이미 장성한 자녀들의 의견을 존중해주고, 삶을 즐기면서 살라고 권한다. 술을 끊으려고 애쓰는 3호는 지금 떡을 양손에 들고 어느 것을 먹을지 고민 중이다. "보기 좋은 떡이 맛도 있다."지만 외모나 물질의 풍요와 입담보다는 친구처럼 마음을 열어놓고 모닥불에 고구마를 구워 호호 불어가며 먹을 수 있는 사람을 선택했으면 하는 바람이다.

세 사람이 한꺼번에 퇴원을 하는 것은 민족의 대명절인 설날 때문이다. 1호는 퇴원을 해도 무방하지만 2호와 3호는 더 경과를 지켜봐야 할 입장인데 명절 차례 때문에 퇴원을 한다.

정 들자 이별이라더니 빈 말이 아니다. 서먹서먹하던 것이 없어지고 친해지니 퇴원이다. 서로 아쉬워하며 잠은 앞으로 얼마든지 잘 수 있지만 오늘 밤이 새면 내일은 각자 헤어져야 하니 밤새도록 셋이 이야기하며 놀자고 했다. 주 이야깃거리는 3호의 재혼에 관한 것이다. 남편 말만 나오면 눈물을 찍어내는 3호에게 1호와 2호는 충고를 아끼지 않는다. 소식가인 3호가 자정이 넘자

"형님들, 우리 아까 남은 고기 먹으면서 이야기 나눕시다." 한다.

"그러세. 누가 우리를 방해 하겠는가."

셋이 둘러앉아 오리훈제를 먹고 있는데 혈압을 체크하러 온 간호사가 이 광경을 보고 밤중에 무슨 야식이냐고 한다. 입을 모아 이별 파티 중이라고 하니 고개를 갸웃거린다.

"형님, 이것 먹어보세요. 쫄깃쫄깃한 것이 참 맛있네요." 하며 3호가 오리훈제를 상추에 싸서 2호 입에 넣어준다. 2호도 1호에게 오리훈제를 상추에 싸서 권한다. 간호사 생활 12년에 이런 환자들은 처음 본다며 간호사가 실소를 한다.

한 시간이 멀다 하고 3호에게 전화를 하는 68세 홀아비는 퇴근 후 병실에 들러 3호에게 하루의 일과를 보고한다. 1호와 2호가 우리는 의형제를 맺었으니 우리 동생 맡겨도 되겠는지 이야기를 해보자고 한참동안 홀아비의 의중을 떠보았다. 오늘이 3호의 생일이라며 둘이 가서 식사나 하자며 데리고 나가더니 돌아와서는 1호와 2호의 몫으로 오리훈제를 홀아비가 배달시켰다. 먹고 남은 오리훈제로 야식을 먹는다.

1호와 2호의 의견은 같다. 내 사람 챙길 줄도 알고 박력이 있어 좋긴 한데 홀아비와 나이 차가 많은 것이 흠이다. 3호는 마누라가 간지 6개월밖에 되지 않았는데 재혼을 서두르는 것이 마음에 들지 않을

뿐더러 전화를 받지 않으면 잘 삐져서 싫다고 한다. 1호와 2호가 염려하는 것은 홀아비가 3호의 재물에 욕심을 내고 재혼을 서두르는 것이 아닌가 싶기도 하다. 3호는 1호와 2호가 보지도 못한 제3의 남자에게 더 마음이 있다고 한다. 누구와 재혼을 하더래도 간 사람은 잊고 새로운 인연과 잘살았으면 하는 마음 간절하다. 서로 전화번호를 입력하는데 날이 희뿌옇게 밝아온다.

가족 서사에 담긴 함의含意

—이임순의 ≪봄이 오는 소리≫

김지헌(문학박사, 소설가, 수필가)

1. 수필가의 삶과 작품의 소재

수필가 이임순이 세 번째 수필집 ≪봄이 오는 소리≫를 상재한다. 제1집 ≪과수원지기의 향기≫(교음사, 2008년), 제2집 ≪붉은 장미울타리≫(수필과비평사, 2014년) 이후 4년 만이다. 어린이집을 운영하면서 광양예총 지부장과 로터리 클럽 활동을 하고, 농장까지 운영하는 그가 현재 담당하고 있는 일의 양을 헤아리면 도저히 믿기지 않을 정도의 다작인 셈이다. 글감을 만나도 쓸 시간이 없어서 못 쓴다는 말을 종종 듣는 경우가 있는데, 이임순은 오히려 바쁘게 활동하며 만난 글감을 고스란히 작품화 하지 않았을까 싶다. 그래서인지 작품의 소재가 어린이집에서의 경험과 가족들에 대한 이야기들이 주를 이루며, 그가 사회활동을 하며 만난 사람들과의 유대감도 들어있다. 대개의 경우, 사회활동을 하면서도 일과 개인사의 영역을 분명하게 나누려고 하는데, 그는 그 경계를 나누지 않으려 한다. 즉 주체로서의 자신의 일과 타자로서의 타인의 일을 구분 짓지 않고 한다는 것이다. 그것은 아마 그의 천성일 것이다. 본래 가지고 태어난 본성은 생각과 이성으로 제어되는 것은 아니니, 자신의 눈에 도움이 필요한 상황이 포착되는 순간 자동적으로 자신의 일처럼 나서게 될 것이다. 그래서 이임순에게는 가족 같은 이들이 많다. 어쩌면 가족일 것이다. 따라서 수필가 이임순의 가족 개념은 다른 사람들과의 그것과는 사뭇 다르다고 하겠다.

세상엔 혼자 사는 사람은 거의 없다. 형태는 다소 다를지라도 누구에게나 가족이 있다. 가족의 기본 단위는 부모와 형제, 부부와 자식들로 이루어진 혈연관계일 텐데, 이임순에겐 가족의 범주가 훨씬 넓다. 그에게 가족은 부부와 자식들뿐만 아니라 농장의 가축들까지 포함된다. 그리고 그에게 도움이 필요한 이웃들도 가족이 된다. 보편적으로 자신이 기르는 가축에 대해 한 가족이라는 말을 하곤 하지만, 이임순이 보여주는 동물에 대한 사랑은 그 정도를 넘어서 진심을 다해 보살피고 사랑하는 마음이 남다르게 드러난다. 그래서인지 그는 수필집 ≪봄이 오는 소리≫에서도 열 편 정도의 동물농장 이야기를 썼다. 가축을 대하는 깊은 애정이 없다면 그들의 성장 과정에서 겪는 감동과 희열의 이야기가 탄생하지 못했을 것이다. 가축 소재의 작품들을 보면 그는 어미의 마음으로 생명을 키우고 있음을 알게 될 터이니, 이 또한 가족 이야기 아니겠는가.

이 수필집에서 가장 많이 등장하는 글감이 어린이집에서 아이들과 함께 놀고 생각하며 행동하는 모습이다. 그의 직업 때문이기도 하지만 그는 천성적으로 아이들과 닮은 모습을 가지고 있기 때문에 그들의 눈높이에서 그들을 바라보고, 생각하는 강점을 가진 듯하다. 이임순의 그러한 삶의 방식 때문인지 그는 어디서나 어려운 사람을 만나면 그냥 지나치지 못한다. 그는 길 가다 만난 아이의 문제를 해결해 주기도 하고, 사회에서 만난 사람도 생활이 여의치 않으면 가족처럼 돕는다. 그래서 수필가 이임순의 눈에 들어오는 사람은 가족이 되기 십상이다. 특히 어려움을 가진 이들은 더욱. 그런 까닭으로 수필집 ≪봄이 오는 소리≫를 관통하는 주제를 '가족'으로 보았다. "가족이란 절대적 정당성과 자연성을 가지는 고정된 실체라기보다 사회와의 상호작용을 통해 구성된 것으로서, 가족 혹은 가족주의가 그 자체로 봉건적이거나 근대적인 가치를 지닌다고 볼 수 없다. 즉 '가족이란 어떠한 것이다'라는 개념이 형성되는 사회적 역학관계에 따라 봉건적이거나 근대적인 성격의 가족 이데올로기로 구성되는 것이다(권명아, ≪가족이야기는 어떻게 만들어지는가≫,책 세상). 그런 면에서 이임순의 가족 개념은 봉건적이면서도 근대적인 성격을 띠고 있다. 수필집 ≪봄이 오는 소리≫에 등장하는 가족의 형태를 살펴보면서, 가족 서사의 의미를 찾아보려 한다.

2. 가족, 작가를 존재하게 한 원동력

인간의 역사가 시작된 이래 가족은 가장 보편적인 사회형태로 존재하였고, 물질주의와 기능주의가 지배하는 현대에 이르러서도 인간 사회의 기본 단위로 작용하고 있다. 가족이 문학창작의 영역에서 중요한 모티프가 되는 이유 역시 한 인간의 자기 이해와 표현이 가족이라는 울타리를 배제하고 형성될 수 없기 때문이다. 따라서 가족이라는 보편적이고도 기본적인 인간관계가 아주 오래 전부터 문학창작에서 중요한 모티프로 채용되어왔다(아리스토텔레스, 이상섭 역, ≪시학≫, 문학과지성사). 수필가 이임순 역시 가족으로부터 그의 삶이 출발하고, 작품으로 귀결된다는 것을 그의 수필을 통해 증명한다. 그 한 예가 〈할아버지와 함께 쓴 일기〉이다.

> 내가 초등학교 3학년 겨울방학 때였다. 외할머니 집에서 그해 방학을 지냈다. 그때 외할아버지로부터 일기 쓰는 법과 바른 자세로 앉아

책 읽는 방법을 터득했었다. 외할아버지는 매일저녁 잠자리에 들기 전에 글을 쓰셨다. 처음에는 그냥 지나쳤다. 매일 같은 묶음의 종이에 무언가 쓰시는 것이었다.

궁금해서 여쭈었더니 오늘 있었던 일을 기록한다고 하시면서 내일부터는 함께 써보자고 하셨다. 외할아버지가 그러셨다. 친구와 다툴 때는 내가 잘 한 줄 알았는데 일기를 쓰면서 잘잘못이 가려지고, 사과할 기회를 얻기도 한다고. 오늘 할 일을 내일로 미룬 게으름이나, 생각지도 않은 일을 했을 때는 스스로에게 칭찬도 한다고. 외할아버지가 지필묵을 준비하시면 나는 일기장을 가지고 할아버지 곁으로 갔다. 그때부터 방학이 끝날 즈음 벼락일기를 쓸 필요가 없어졌다.

—〈할아버지와 함께 쓴 일기〉에서

하루의 일과를 기록하는 할아버지 옆에서 일기를 쓰는 손주의 모습이 그려진다. 가족이라는 이름으로, 같이 사는 것만으로도 보고 듣고 읽히는 교육이 가능했던 시절의 이야기다. 손주는 할아버지가 무언가를 반복해서 쓰는 것을 예사롭지 않게 보았고, 할아버지는 그런 손주에게 같이 써보자고 함으로써 오늘날 수필가의 길을 가게 될 운명이 만들어졌을지 모른다. 가족 안에서 사람과 함께 부딪치며 살던 그때는 모든 것이 아이의 성장을 돕는 역할을 했을 것이다. 어린아이가 할아버지 흉내를 내며 썼던 일기는 물론, 할아버지의 종이에 쓰여진

그날그날의 기록은 할아버지를 통해 아이의 내면으로까지 흘러들었다. "친구와 다툴 때는 내가 잘 한 줄 알았는데 일기를 쓰면서 잘잘못이 가려지고, 사과할 기회를 얻기도 한다고. 오늘 할 일을 내일로 미룬 게으름이나, 생각지도 않은 일을 했을 때는 스스로에게 칭찬도 한다"는 할아버지의 말씀이 그렇다. 작금의 현실과는 동떨어진 옛날이야기로 읽힐 수 있겠으나, 이임순은 그러한 환경에서 글 쓰는 연습을 일찌감치 시작한 것이다. 즉 그가 글을 쓸 수 있는 동력이 어렸을 때부터 뿌리내리기 시작했음을 짐작할 수 있다. "한 달여의 방학에 평생 일기 쓰는 것과 바른 자세로 앉는 방법과 매사를 가족과 의논하는 것을 배워 지금까지 실천하고 있"다는 그의 말이 뒷받침해 준다.

수필 〈기와집〉도 이임순 삶의 근원이 되어주는 내용을 담고 있다. 작가는 강진으로 문학기행을 가서 한옥마을에서 민박하게 되는데, 그때 추억 속의 집이 되어버린 친정집을 떠올리게 된다. 따끈따끈한 온돌방이며 기와집이 유년의 향수를 불러와 그의 친정집을 소환해낸 것이다. 그 집은 아버지가 "밤을 낮 삼아 일을 하시면서 집터를 장만하고" "집 짓는 데 쓰이는 목재를 모두 손수 작업하여 등으로 옮겨" 지은 기와집이었다. 아버지의 고생이 헛되지 않아 친정집을 부를 때면 "당시 인근 동네까지도 초가집만 있어 기와집이란 칭호가 자연스레 생"겨날 정도였다. 더 중요한 것은 그 마을 어른들은 친정집을 가리켜

“기와집이라 칭함은 아버지의 성실성을 일컬음이었다”니 이임순 역시 아버지의 근면과 성실함을 이어받은 작가임이 분명하다. 그가 가족에 대해 유난히 자긍심을 갖는 까닭을 이해할 수 있다.

그뿐만 아니라 그의 어머니는 “젖이 모자라 우리 칠남매를 맘죽으로 키우면서 길쌈을 하여 살림을 일구는데 일조를 하셨”고 “부부가 일심동체가 되어 살림을 일구신 결과 대농이 되었다”.

그 후 부모님 돌아가시고, 마음속에서 멀어져가는 형제들을 재인식하여 가족의 끈을 단단하게 부여잡아 보려는 것이 수필 〈끈〉이다.

> 언니가 굳어진 목소리로 어머니 돌아가셨다고 합니다. 며칠 전에 장례를 치르지 않았느냐고. 그 말을 듣는 순간 어머니 관을 붙잡고 울었던 기억이 떠오릅니다. 둘이서 말없이 한참을 수화기만 들고 있었습니다. 그러다 언니한테 물었습니다. 이제 우리 친정도 없어졌느냐고. 그리고 또 말문이 막혔습니다. 언니가 침묵을 깨고 말을 합니다. 우리가 태어나고 자란 집이 있는데 왜 친정이 없느냐고. 친정에 가고 싶으면 그 친정집으로 가면된다고 합니다. 어머니 아버지도 계시지 않는데 빈 집에 가서 뭘 할 것이냐고 물었습니다.
>
> —〈끈〉에서

아버지가 돌아가신 그 빈자리는 어머니가 채워주셨지만, 어머니가 돌아가신 후에는 그 텅 빈 현실을 인정하지 못하여 그는 예전의 어머니 전화번호로 전화를 하고, 언니에게 어머니가 전화를 안 받는다고 떼를 쓰듯 한다. 어머니의 부재를 감당하기 벅찼던 것이다. 부모로부터 완전히 분리된 느낌 때문에 슬프고 외롭고 허전한 것은 당연하다. 그것은 긴밀하게 연결되어 있던 대상으로부터 놓여났을 때 오는 공허의 상태였을 것이다. 그것을 작가는 '끈'이라고 표현한다. 그래서 자신을 달래주는 언니에게 부모님 안 계시는 친정에 가면 무슨 소용이 있느냐고 항변한다. 사랑하는 이가 영원히 떠났을 때 우리는 슬픔의 감정을 억누르기 쉽지 않다. 사실 그럴 필요 없이 슬플 때는 맘껏 애도의 감정으로 들어가도 좋은데, 이임순은 어머니 생전에 못다 한 효에 대한 회한으로 전환시키고 만다. 그리고 그 간극을 "형제들에게 더 다감해지라고 어머니와 친정집에 대한 그리움이 밀려왔"다고 생각하고, "이번 기회에 나의 연결고리에 대해 다시 한 번 생각"하는 계기로 삼는다.

그가 한 성찰은 "아무리 견고한 끈도 부실하게 묶으면 풀리기 마련일 것이고, 좀 부실한 끈이라도 잘 동여매면 풀리지 않을 수 있"다는 것이다. 그래서 친정집 관리하느라 수고하는 오빠에게 자신의 마음을 전해야겠다고 한다. "아버지 어머니의 끈을 누구보다 오빠가 견고하게 관리하고 싶을" 것임을 믿고 있기 때문이다.

사실 가족의 중요성이 강력하게 표현되는 시점은 주로 가족이 붕괴될 위험에 처해 있거나 사회적 위기의 순간이다. 현실의 모든 것이 깨졌다는 위기의식과 그로 인한 심리적 불안감이 팽배해졌을 때 가족적 관계에 대한 요구가 표명된다. 이임순의 가족은 결속력을 갖게 했던 부모님이 돌아가시고 형제들이 그 끈을 끈끈하게 이어가지 못하게 되자 그는 가족에 대한 유대감을 다시 결속시켜 보고자 한다. 가족은 한 개인을 지탱해가게 하고, 그가 살아가는데 근간을 이루게 한다는 점에서 그의 염려는 타당하다. 더구나 그는 외할아버지에게서는 사람살이에 대한 교육을, 아버지에게서는 근면과 성실함을 배운 사람 아니던가. 그가 가족의 끈을 이어가고자 간절하게 애쓰는 만큼, 우리는 그 이면을 보지 않을 수 없는 현대인이다. 현대사회에서는 가족이 한 울타리 안에서 온존하게 유지되지 못하고 있음을 매일 접하며 살고 있기 때문이다.

3. 모녀 삼대가 이어오는 존귀한 정신

제3장에서는 가족관계 중에서도 모성으로 이어지는 서사를 이야기하고자 한다. 모성은 여성에게 특수한 생물학적 경험에서 우러나오는 것으로 보는 견해와 사회적 역할로 보는 견해를 담고 있다. 전자는 모성이란 어머니와 아이가 맺는 생물학적 '끈'이며 여성은 임신과 출산, 양육의 경험 속에서 자연스럽게 아이에 대한 사랑을 느끼게 된다

는 생각이다. 반면 후자는 모성은 사회적으로 주어지는 역할이며 여성으로서 아이를 키우는 걸 맡았으니까 아이를 키우는 것으로 규정한다. 그러나 모성의 개념정의는 단일하거나 고정된 것은 아니기에 생물학적 본능론에서부터 사회적 의무론에 아르기까지 폭넓은 영역에 걸쳐 나타난다. 이임순의 작품에 등장하는 모녀 관계는 '생물학적인 끈'이기도 하면서 '사회 · 교육적으로 훈육되는 끈'이기도 하다. 〈모전여전〉은 이임순의 어머니와 이임순과 그의 딸의 이야기다. 즉 모녀 3대의 모습이 담겨있다.

> 오랜만에 집에 온 딸아이가 "엄마, 화장실에 물 가득 받아 놓았어요." 한다. 언제부터였는지 내가 친정어머니를 닮아가듯 딸도 나를 닮아간다. (중략) 언젠가 딸이 나에게 왜 물을 받아두고 쓰느냐고 물어서 안 나올 때를 대비하고, 물도 전기세도 절약할 수 있다고 했다. 그때부터 딸은 집에만 오면 물통 가득 물을 받아 두곤 한다. 닮아간다는 것은 많은 시간을 두고 몸에 배인 습관에서 이루어지는 것이 아닌가 싶다. 어머니는 우리 형제들이 어려서부터 유비무한의 정신을 가르쳐 주셨다. 금전으로 셈할 수 없는 값진 유산이다. 이렇게 큰 유산을 받았으면서 나는 어머니께 해드린 것이 없다 생각하니 황량한 바람이 가슴 한 복판에서 분다. 한 가지 위안이 있다면 어머니로부터 받은 유산을 딸에게도 물려주었다 생각하니 가슴에서 여린 새싹이 돋는 것 같다.

—〈모전여전〉에서

간이상수도 물을 사용하던 작가의 친정어머니는 물 부족 상태를 대비하여 물을 통에 받아두는 습관이 있었다. 그리고 그의 집에서도 지하수를 먹었는데, 어머니에게 배운 방식대로 물을 받아두곤 하였다. 나중에 집을 증축하면서 수도를 놓았지만 물을 사용하지 않는데도 모터가 돌아가는 바람에 그것들을 살피느라 또 물을 받아두고 사용하는 경우가 있었다. 그러다 보니 그에게는 물 받아두는 일이 습관처럼 되어버렸고, 모든 문제가 해결되었어도 그 습관은 여전했다. 친정동네에 수도가 들어오고 물로 인한 불편함이 사라졌어도 어머니가 여전히 물을 받아두셨던 것처럼. 그리고 그 물은 필요할 때에 언제든 소용되었다. 그 모습을 보고 자란 딸이 또 같은 습관을 가지게 되었다. 그것을 두고 작가는 "어머니로부터 받은 유산을 딸에게도 물려주었다 생각하니 가슴에서 여린 새싹이 돋는 것 같다."고 말한다. 모정으로 인식되는 '유비무환'의 정신을 딸에게 물려주었으니 비로소 어머니에게서 받은 정신적 유산이 자신을 거쳐 딸에게까지 전해지는 흡족함이 여실했으리라. 한 사람이 태어나서 살다가 죽을 때까지 그 삶을 통틀어 가장 중요한 것을 배우는 시기가 어린 시절 가족에게서 체험으로 배우는 교훈들이지 싶다. 그것은 생을 살아가는 데 지혜롭게 작동하여 주체의 삶을 행복하고 풍요롭게 해주기 때문이다.

〈임산부 등에 업혀〉는 임산부인 딸이 어머니를 업고 병원으로 가는 장면을 통해 딸에 대한 애잔함과 고마움과 든든함을 표현한 글이다. 작가가 어머니로부터 물려받은 삶의 지혜를 딸에게 전해주었으니 그 딸 역시 엄마를 극진히 사랑하고 살피는 것은 자연스러운 일일지 모른다. 부모에게 효도하는 이는 자식들로부터 효도 받는다는 이치는 당연하지 않는가.

> 철이 든 이후 딸은 나의 후원자며 지지자였고, 친구면서 상담자였다. 시키지 않아도 집안일은 예사로 도왔고, 수확 철이면 늦도록 일손도 보탰다. 객지에서 대학교를 다닐 때도 고양이 손이라도 빌리고 싶은 수확기가 되면 야간열차를 타고 와서 천부당만부당하게 거들었다. 이런 부지런함도 좋았지만 내가 딸을 더 신뢰하는 것은 곱디고운 마음씀이다.
>
> ―〈임산부 등에 업혀〉에서

작가에게 딸이 자랑스러운 것은 살아가면서 좋은 친구가 되어주면서도 일상의 일을 해결하는 데에도 상담자의 역할을 하기 때문이다. 또 한 가지, 위에서도 언급되었지만 엄마가 딸을 귀히 여기는 것은 엄마를 위하는 마음은 물론 타인들을 생각하고 그들의 마음을 헤아려

주는 깊은 속을 가졌기 때문이다. 그 한 예로, 딸이 중학생일 때 수학여행을 가면서 자신의 저금통장을 헐어 가난한 친구를 도운 사실은 딸의 마음씀씀이를 충분히 알게 해준다. 그것도 친구가 부담을 덜 갖도록 엄마가 도운 것이라 말한 것은, 딸이 상대를 얼마나 배려했는지를 짐작하게 한다. 그러한 딸은 엄마의 자긍심이고, 우리 이웃과 사회의 긍지이기도 하다. 그런 선행을 하고서도 함구하는 모습은 더욱 믿음이 가게 한다. 그러니 후일에 시장에 갔다가 그 사실을 알게 된 작가의 감동은 얼마나 컸겠는가.

〈모전여전〉이나 〈임산부 등에 업혀〉에서 본 것처럼, 그들의 모녀 3대는 모성이라는 이름으로 서로가 서로에게 인간적 성숙함을 물려줄 수 있었다. 자신도 아이를 가져 힘들 텐데도 "업고 어디든 가겠다고" 가고 싶은 곳을 말하라는 딸의 엄마 사랑 표현법을 보며 그 깊이가 얼마나 될지 헤아리기 어렵다. 이임순의 딸은 머지않아 아이를 탄생시킬 것이고, 그 아이는 엄마의 품성과 따뜻한 마음을 이어받아 잘 자랄 것이다. 그것은 가족이 아니면 누구도 해줄 수 없는 지고한 정신의 대물림이며, 그러한 핏줄의 이어짐은 아무리 예찬해도 부족하지 않을 것이다.

4. 어린이집, 또 다른 가족의 탄생

이임순 수필집 ≪봄이 오는 소리≫에서 다른 형태의 가족이 등장한다. 즉 혈연관계는 아니지만 그가 가족처럼 생각하고, 가족처럼 사랑하고 돌보는 아이들이다. 이임순의 수필을 보면서 느낀 점이지만, 작품 안에서 보는 그는 천성적으로 어려운 이를 보면 도우려는 본능이 솟구치는 사람의 기질을 가지고 있다. 따라서 그가 옳다고 생각하거나 마음먹은 일이면 망설이지 않고 다가가 돕거나 문제를 해결해 주려 한다. 그러한 성향이 어린이집을 운영하면서도 적용되는데, 자신의 아이들을 키우듯, 직접 농사지은 먹거리를 제공하거나 손주를 돌보듯 하는 점이 그렇다. 그리고 무엇보다도 그는 손주를 보는 할머니의 마음에서, 즉 어린아이들의 눈높이에서 아이들을 대하고 같이 놀며 교육한다. 이를테면 〈주은이가 웃는다〉, 〈선생님 언제 또 가요〉, 〈혼자 피운 꽃〉, 〈생각 주머니〉, 〈벌레 친구〉, 〈봄이 오는 소리〉, 〈푸르게 자라는 생각나무〉, 〈아이들은 인생의 표본〉등이 있으니 어린이집에서의 삶이 이임순 수필가의 또 다른 집이며, 그곳의 아이들은 가족이라 해도 과언은 아니다.

그 작품 중에 〈봄이 오는 소리〉는 동심의 세계를 매우 탁월하게 형상화한 수필이다. '봄이 오는 소리'를 듣는 아이들의 표정을 생생하면서도 다양하게 그려 주제와 재제를 완성도 높게 버무려냈다.

아이들에게 봄이 오는 소리를 듣고 싶으냐고 묻는다. 아이들이 호기심 가득한 눈으로 대답을 한다.

꽃밭으로 간다. 아이들이 주르르 따라온다. 이제 막 땅을 헤집고 올라오는 새순을 가리키며 "아하, 여기에 봄이 있다. 그래서 봄이 오는 소리가 들렸구나." 하니 아이들이 손뼉을 치며 봄이 왔다고 한다. 어떻게 봄이 온 것을 아느냐고 물으니 꽃대가 쑥 올라온 앵초를 가리킨다. 귀를 땅에 대고 무슨 소리가 들리는지 들어보자고 하니 모두들 엎드린다. 아이들의 표정이 각양각색이다. 호기심 가득한 눈으로 궁금해 못 참겠다는 표정이 있는가 하면, 눈을 깜박거리며 진지하게 듣는 아이도 있다. 아무 소리도 들리지 않는데 무슨 소리를 들으라는 것이냐며 작은 눈을 부릅뜨기도 한다. 아이들에게 어떤 소리를 들었느냐고 묻는다. 모두가 말없이 고개를 흔드는데 가윤이가 새싹 소리를 들었다고 한다. 가윤이가 가리키는 손끝에 강남제비꽃이 앙증맞게 피어 있다. 가윤이는 꽃한테서 봄이 오는 소리를 들은 모양이다. 맏형 정빈이가 큰소리로 말을 한다. "선생님, 저도 들었어요. 아침에 등원할 때는 보일까 말까 했는데 지금은 새싹이 쑥 올라왔어요. 이 것이 봄이 오는 소리잖아요." 아이들이 정빈이가 가리키는 목단 옆으로 몰려든다. 튼실한 싹이 볼그레 얼굴을 내밀고 있다.

—〈봄이 오는 소리〉에서

〈봄이 오는 소리〉는 어느 한 부분도 버릴 게 없을 만큼 좋은 글이어서 다소 길게 인용하였다. 아이들과 술래잡기를 하다가 발에 밟히는 잔디의 아픔을 이야기하고, 땅을 헤집고 올라오는 새순을 가리키며 '봄이 오는 소리'를 듣자고 하는 일련의 과정에는 억지스러움이나 과장이 들어있지 않아 감동적이었다. 교육을 하기 위해 아이들에게 지시적으로 움직이거나 의도를 가지지 않아 매우 자연스러웠던 것이다. 아이들과 똑같이 생활하며 그에 익숙한 대로 한 행위가 일상적 교육으로 승화된 느낌이다. 원장님과 아이들이 땅에 귀를 대고 봄의 소리를 듣고 있는 장면도 좋지만, 땅 속의 이야기를 듣는 아이들의 다양한 반응이 솔직하게 표현된 것 또한 좋은 작품의 요건에 속한다. 사족처럼 덧붙이면, 아이들을 돌보고 키워가는 어린이집에서 이런 교육을 한다면 누가 아동의 미래에 대해 걱정하겠는가. 작가 또한 "아이들이 무럭무럭 자라는 것도 봄이 오는 소리"라고 말하고 있지 않은가.

수필 〈생각주머니〉도 아이들과 함께 감자 씨를 심고 물을 주며 키워 수확하는 기쁨을 그린 작품이다. 씨감자는 어린아이가 성장하여 어른이 되기까지 여러 가지 혼란과 격정을 겪어야 하는 것처럼, "여린 싹이 고개를 내밀었다 늦추위에 혼이 나기도 했고, 동네 개들의 오줌 세례도 받으며 몸집불리기를 게을리 하지 않았"다. 거름과 물을 주며 감자를 키우는 원장님의 모습을 지켜본 아이(가윤이)들은 "식물들도 목이 마르면 잘 크지 않아. 그래서 원장님이 물을 자주 주시는 거야." 라고 말해, 보고 들었던 경험을 놓치지 않는다. 그러한 생태체험을 하는 아이들은 처음엔 지렁이를 보며 놀라지만 나중에는 벌레의 "날개가 있는지, 다리는 몇 개인지, 꼬리는 어디에 붙어있는지"등을 살필 줄 아는 관찰자가 된다. "벌레도 사람처럼 소리를 듣는지 우리가 무슨 말을 하면 걸음을 멈추고 듣고 있다며 신기해"하는 아이들의 동심은 작가의 배려와 살핌에서 키워졌을 것이다. 아이들과 함께 캔 감자를 각각의 가정으로 보내 가족들과 나누는 것은, 지식으로 전하는 어떤 교육보다 훌륭한 성과를 가질 것이다. 그렇게 해서 아이들의 생각주머니가 더 크게 열리고, 더 넓게 확장되어 몸과 마음이 건강하게 자란다면 작가의 가장 큰 보람이겠다.

〈벌레 친구〉는 아이들이 벌레를 피하지 않고 손으로 잡아보고, 벌레의 생태를 탐구하는 이야기이다. 아이들은 호기심도 많고 관찰력도 뛰어나 궁금한 것은 직접 보거나 만져서 확인하려 한다. 그래서 상상력이 강렬하게 작동하는데, 그런 아이들에게 벌레는 "생명의 대상"으로 사람과 함께 어울려서 살아야 하는 존재임을 알게 하는 것은 중요한 교육이다. 세 편의 아름다운 동심의 이야기를 살펴보았는데, 이는 모두 아이들을 내 자식, 가족처럼 보살피며 그들의 미래를 밝게 열어주려는 작가의 의지가 들어있는 작품들이었다.

이외에도 〈와, 영웅이다〉는 길을 가다 아이가 바람에 날려버린 돈을 기어이 찾아주는 이야기인데, 자신이 유년에 잃어버렸던 돈을 못

찾았을 때의 실망감과 좌절을 떠올리고, 아이에겐 용기를 주기 위한 내용이다. 더구나 그 아이에겐 '할머니의 약 값'인 돈이었기 때문에 차를 타고 달려가서까지 주워다 준 그는 보람을 느꼈을 것이다. 〈가족의 정〉은 원룸에서 사는 대학생이 용돈을 아끼기 위해 추석에도 먼 곳에 있는 집에 가지 않고 공부를 하는데 그는 손수 만든 송편을 들고 가 학생에게 희망을 주는 이야기다. 〈나영이의 세상 나기〉는 이제 막 동생이 태어난 나영이가 겪는 엉뚱하고도 이해되지 않는 어른들의 행동을 아이의 시선으로 그린 글이다. 어린이집의 원생이 아니어도, 아이들이 어떤 문제 앞에 직면해 있으면 그는 달려가서 해결해주어야 마음이 놓이는 천상 아이들을 사랑하고 보살펴주지 않으면 안 되는 대모신의 모성을 닮은 사람이다.

5. 동물가족을 통해 보는 생명 사랑

앞에서 이미 이임순의 작품세계에서 펼쳐지는 가족 관념은 일반적이지 않고, 그 범주가 다양하게 확장되어 있다고 말했다. 달리 말하면 그는 자기의 시선에 들어오는 존재, 즉 그의 도움을 필요로 하는 존재를 가족으로 생각하는 사람이다. 이 장에서는 사람 이외에 작가가 가족으로 여기는 다른 대상, 즉 그가 키우는 가축에 대한 이야기를 하려 한다. 애완동물을 '반려동물'이라 부르는 시대에 자신이 키우는 가축을 가족으로 여기는 것은 당연하다 할지도 모르겠다. 그러나 이임순의 수필집 ≪봄이 오는 소리≫에는 〈옥수수 파티〉, 〈색깔 때문에〉, 〈고양이와의 전쟁〉, 〈식구 수도 모르면서〉, 〈횃대에 오르다〉, 〈병아리야 미안해〉 등이 수록되어 있음을 상기하면 그가 농장의 가축들을 어떤 의미에서 가족으로 생각하고 있는지를 짐작할 수 있다.

실제 〈식구 수도 모르면서〉는 그것을 방증한다. 어느 날 친구가 그에게 식구 수가 몇이냐고 묻는데, 그는 모른다고 대답할 수밖에 없다. 너른 농장에서 방목 상태로 키우는 가축의 수를 정확하게 안다는 것은 불가능하기 때문이다. 제 맘대로 돌아다니며 시나브로 알을 낳거나 새끼를 낳기도 하지만, 주인도 모르는 사이 생명을 잃거나 사라지는 가축의 수를 어떻게 다 헤아리겠는가.

자연 그대로인 채로 살고 있는 우리 집은 닭이 알을 아무데서나 낳고, 그 알을 품었다. 그러다 병아리가 하루 이틀 간격으로 다섯 배가 깨어났고, 그때마다 병아리 수를 파악하지 못했다. 모이로 닭 식구를 불러 모아도 제 새끼를 보호하느라 어미가 병아리를 품고 앉으면 셀 재간이 없었다. 먼동이 트기도 전에 제 집에서 나와 사방에 흩어져 모이를 쪼아대고, 퇴근해 오면 병아리들이 어미 품속에 들어가 있는데 어떻게 세어본단 말인가. 품은 계란 수를 알면 병아리 숫자를 대강 짐작이라도 하련만그것도 모르는 사람들이 하기 쉬운 말이다. 어디에서 알을 품고 있는

> 지도 모르는데 짐작도 근거가 있어야 하지 않겠는가. 어제 식구 다르고 오늘 식구 다른데, 어미 품속에 병아리가 몇 마리 있는지 헤아릴 수가 없는데, 식구가 몇이냐고 물으니 모른다고 할 수밖에.
>
> ―〈식구 수도 모르면서〉에서

정확한 식구 수를 모른다는 말을 들은 친구는 그가 이상하다고 느껴 다른 친구를 통해 병원에서 검사를 받게 하려 한다. 물론 농장에 찾아와 식구 수를 셀 수 없는 이유를 알게 된 친구는 오히려 그를 이해하게 되면서 잠깐의 해프닝으로 상황이 종료되기는 한다. 자연 상태로 살고 있는 농장의 닭은 병아리를 품고 있다 "제 새끼를 보호하기 위해 사람에게 달려들"고, "병아리가 하루 이틀 간격으로 다섯 배가 깨어나"는데 어떻게 그 수를 셈할 수 있을 것인가. 그럼에도 그는 짐승들 먹이 주고 보살피는 것이 귀찮기는커녕 함께 어울려 사는 것이 마냥 좋기만 하단다. 아무리 좋은 일도 자신이 원하지 않으면 할 수 없는데, 그는 이런 삶을 즐길 능력을 천성적으로 가지고 있는 듯하다.

땅에서 살고 땅에서 얻어지는 존재들, 그들과 함께 어울려 살 수 있다는 것을 축복이라 해야 하지 않을까. 어쩌면 현대의 삶을 사는 우리가 점점 잃어가는 야생의 일상성을 그는 매일 몸과 마음으로 누리며 산다. 그가 사는 환경과 다른 곳에서 사는 사람들은 그의 생활을 이해하지 못해 "정신없다고 할"테지만, 생명이 태어나고 그것들이 자라는 과정을 지켜보는 재미를 다른 이들이 어찌 짐작이나 하겠는가. 그가 비록 가족 수를 정확하게 헤아리지 못한다 해도 매우 건강하고 행복한 삶을 살고 있는 것은 확실하다.

작품 〈색깔 때문에〉는 어미닭의 옷 색깔을 그대로 닮은 병아리의 수를 세면서 그들과 눈을 맞추고 생명의 탄생에 환희심을 갖는 과정을 그린 작품이다. 이 글을 보면 병아리와 주인은 서로의 마음을 알고 상대가 원하는 것을 맞춰주는 것 같은 느낌이 든다. 사람이든 동물이든 살아있는 감정을 가진 존재는 상대가 자신을 어떻게 생각하는지 그 감각을 느끼기 때문일 것이다. "나의 궁금증을 어미닭이 알았을까? 조심스레 일어나더니 정중정중 걷는다. 병아리들이 흩어지"는 틈을 타 그는 수를 센다. 수를 다 세고나자 "어미닭이 날개를 접고 앉는다. 병아리들이 우르르 품속으로 들어간다. 그리고는 고개를 갸웃이 내민다." "품속을 들락거리던 병아리들이 나를 본다. 나도 병아리를 본다. 순간 한 마리와 눈이 마주 친다. 병아리가 움칫한다. 놀란 모습이라기보다 신기한 것을 본 그런 표정이다". 갓 태어난 작은 생명은 그 자체로도 경이로운데, 그 녀석과 눈이 마주쳤다니 상상만 해도 전율이 이는 장면이다. 새 생명의 눈, 세상에서 가장 순수한 눈일 테니까. 그가 기분 좋게 농장생활을 하며 가축들을 사랑하지 않을 수 없는 조건들이다.

병아리 소리가 나는지 유심히 살피기를 이틀 째, 그날도 모이를 주고 돌아서려는데 어미닭 뒤에 달걀이 있는 것이 눈에 띄었다. 그 찰나에 눈길을 끄는 것이 있었다. 노란 병아리 한 마리가 어미 품속에서 머리를 살며시 내민 것이다. 얼마나 반갑던지 가만히 보고 있는데 또 한 마리가 머리를 내미는 것이 아닌가. 어미닭 뒤의 달걀에 눈이 갔다. 아뿔싸, 달걀은 병아리가 깨고 나온 껍데기였다. 껍데기는 세 개인데 병아리는 두 마리 밖에 보이지 않았다. 어미닭이 날개며 꼬리가 움직이는 방향을 따라 나의 눈도 움직이는데 두 마리가 어미닭의 날갯죽지에서 머리를 내미는데 꼬리부분에서 한 마리가 나온다.

한참 만에 수 세기를 마치고 집안으로 들어와 아침을 먹는데 궁금해서 참을 수가 없어 또 갔다. 병아리들은 여전히 어미품속을 들락거리며 나와 숨바꼭질을 한다. 밥을 먹다말고 나가서 한참 만에 히죽히죽 웃으며 들어오니 남편이 멀거니 쳐다본다. 병아리가 깨어났다고 하니 내 말이 끝나기가 바쁘게 남편이 나간다. 남편도 수 세기를 하고 또 할 것이다. 보는 재미와 세는 재미에 푹 빠질지도 모른다. 아무려면 어떤가.

—〈색깔 때문에〉에서

다소 길게 인용되기는 했으나 실제 현장을 보고 있는 것처럼, 실감나게 묘사된 상황이라서 그대로 옮겨보았다. 이런 묘사 장면은 어떤 해석보다도 더 큰 가독성을 발휘한다. 앙증맞은 병아리가 어미닭의 날갯죽지 사이에서 나오는 모습을 직접 지켜보는 가슴에는 생명이 지르는 소리가 각인되지 않을까. 존재의 소리 말이다. 그래서 작가는 자신도 모르게 생명 탄생에 대해 귀 기울이고 그 기쁨을 진정으로 누리는 것 아닐까. 백 번 듣는 것보다 직접 보는 감동을 그는 늘 누리고 사는 이인 것 같다.

〈옥수수 파티〉는 옥수수 농사를 지어 갈무리하면서, 옥수수 껍집을 벗기는 작가와 옥수수 알을 쪼아 먹으려는 닭과의 심리전이 펼쳐지는 이야기가 주를 이루지만, 그 안에는 농사지은 것을 소외된 삶을 살고 있는 이웃들과 나누는 따뜻한 마음이 함께 담겨 있다. 또 한 가지 간과할 수 없는 것이, 옥수수가 실한 것은 이웃에게 나누고 알맹이가 듬성듬성 하거나 못난 옥수수는 자신이 먹는다는 점이다. 그것은 이임순의 어머니가 그에게 물려준 작지만 매우 인간적인 유산이다. 어머니가 할아버지에게는 좋은 것을 주고 딸에게는 못난이를 주었을 때, 자신도 좋은 것을 달라고 떼쓰는 딸에게 "주인은 이런 못난이들을 먹는 것이"라고 말씀하시던 엄마를 이해하지 못했는데 "내가 농사를 지어 나누어보니 어머니의 그 마음을 알겠다."고 하는 것을 보면 그렇다. 작가 이임순은 농사를 짓고 나누면서 그냥 지나치는 게 아니라, 그 과정에서 생을 이해하고 아름답게 받아들이는 진정 살아있는 삶을 살고 있다.

그것은 혈연관계가 아닐지라도 이웃에 사는 이들을 가족처럼 생각하고 아끼며 배려하는 정신이 담겼기 때문에 가능하다. 그래서 그는 옥수수를 나누러 가려고 자동차에 시동을 거는 순간, “볼품없는 내 손이 대단해 보이는 순간”이라고 말한다. 씨 뿌리고 거둬 나누는 사람의 손이 얼마나 고단했겠는가. 그러나 그 손은 아무나 쉽게 하지 못하는 일을 하는 위대한 손이다.

6. 아직 남은 이야기가 있다면

수필집 ≪봄이 오는 소리≫에서 작가의 중심 사상인 가족모티프를 살펴보면서 미처 못 한 이야기 하나가 떠오른다. 그것은 이임순의 한 평생을 지켜보면서 외조해준 남편 부분이다. 어쩌면 한 몸처럼 늘 같이 있기 때문에 가장 잘 알고, 가장 가까운 존재여서 말할 나위가 없는 상대였을 것이다. 다르게 표현하면 알 것 다 아는 사이의 사람이기 때문에 그에 대한 관찰이나 문학 소재로서의 관심은 필요 없었을 것이다. 이 수필집에서 남편의 존재는 〈실과 바늘처럼〉, 〈속도 모르고〉, 〈내가먼저〉 등에서 이야기 되는데, 그저 스케치하듯 가볍게 스쳐간다. 그래서인지 차기 수필집에서는 남편에 대한 이야기가 깊어질지도 모른다는 생각을 했다. 그것은 인간이 존재론적인 삶을 살아갈 때 어느 시기마다 자신이 중요하게 여기는 것이 있어서, 바깥으로 관심을 돌리고 살다가도 관성처럼 안으로 돌아와 내적 삶에 충실해지는 시기도 있기 때문이다. 그 때쯤이면 남편과 자신에 대한 성찰도 할 수 있는 여유를 누리지 않겠는가. 어떤 한 사람이 해낼 수 있는 일의 총량은 한정적이어서 이임순 또한 지금은 실존적 상황에 집중하느라 자신의 내면으로는 돌아오지 못하고 있다는 생각이, 그의 글을 읽는 내내 머리를 떠나지 않아서였다.

어떤 삶이든, 각자가 가진 영역의 강점을 발휘하면서 존재하면 될 일이다. 이임순의 수필집 ≪봄이 오는 소리≫를 통해 살펴보았듯이, 주체가 처한 환경에서 타자를 배려하는 방식으로 가족주의적 태도를 보이는 것은 그의 장점으로 봐야 한다. 그에게 가족은 늘 탄생하는 것, 한 울타리 안에 고착되는 게 아니라 언제든 마음을 열어 받아들이고 오갈 수 있게 문을 열어주는 곳으로 표현되기 때문이다. 가족을 품듯, 가족이 유일한 위안처라는, 가족의 역사적 기원을 호들갑스럽게 호명하지 않아도 쉽게 이해될 성싶다. 모든 것이 개인화되어가는 지금, 사회 또한 가족과 분리되어 새로운 가치를 확보하여 개인, 가족, 사회가 분열, 대립하는 현실에서 이웃과 사회, 심지어는 가축까지 가족으로 대하는 작가의 가치관은 의미가 깊다. 21세기의 새로운 가족 형태의 단면을 보여주고 있기 때문이다.

이임순 수필집

봄이 오는 소리

인쇄 2018년 11월 25일
발행 2018년 11월 30일

지은이 이임순
발행인 서정환
펴낸곳 수필과비평사
주소 서울시 종로구 삼일대로 32길 36(익선동 30-6 운현신화타워 빌딩) 305호
전화 (02) 3675-3885, (063) 275-4000 · 0484
팩스 (063) 274-3131
이메일 sina321@hanmail.net essay321@hanmail.net
출판등록 제300-2013-133호
인쇄 · 제본 신아출판사

ISBN 979-11-5933-191-6 03810
값 13,000원

이 도서의 국립중앙도서관 출판예정도서목록(CIP)은 서지정보유통지원시스템 홈페이지(http://seoji.nl.go.kr)와 국가자료공동목록시스템(http://www.nl.go.kr/kolisnet)에서 이용하실 수 있습니다.(CIP제어번호: CIP2018038157)

Printed in KOREA

이 책은 전라남도 문화예술진흥기금의 지원을 받았습니다.